20年間＼ほぼ毎日／外食して、
1万5000軒を
食べ歩いた
デビ高橋が見つけた

福岡グルメの答え 新100店

KADOKAWA

はじめに

福岡は新鮮な海の幸、山の幸の宝庫で、
和食や居酒屋、寿司、うどん、ラーメン、屋台など、
多様なグルメ文化が根づく街です。

20年以上、ほぼ毎日外食を続け、
のべ１万５０００軒以上を食べ歩いた経験から、
店主の顔が見え、こだわりが伝わる、
何度でも通いたいと思える店を厳選しました。
流行に流されない確かな味、訪れるたびに
新たな発見がある、そんな魅力的な店ばかりです。

前作を出版して以来、
多くの方から「次はいつ出るのか？」

というお声をいただきました。
その間にコロナ禍という未曾有の試練が飲食業界を襲い、
福岡の食シーンは大きく変化しました。
厳しい状況の中でも懸命に店を守り続けた店主たちの
努力が、今の福岡グルメの力強さにつながっています。

今回は、前作を超えるラインナップで、
特に県外からの人も楽しめるような
〝本当においしい店〟をご紹介します。
この本が、新たな〝おいしい出会い〟を生み、
福岡のグルメをより楽しむ
きっかけになればうれしいです。

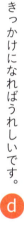

目次

デビ高橋 厳選の新10店

デビ高橋 ジャンル別オススメの新40店

居酒屋

和食

デビ高橋

まだまだおいしい オススメの新50店

装丁・デザイン　新井大輔
DTP　新野 亨
校正　ぴいた
編集　町田拓郎、諫山 力

本書にのっている店はこうやって選ばれた！

デビ高橋的 店選びの新基準 5

1 ▶ 県外からの旅行者も楽しめるように
福岡市内の店舗をセレクト

2 ▶ できるだけ、店主がオーナーで
調理などをしている店舗をセレクト

3 ▶ 店主の目が行き届く、小箱店が中心

4 ▶ 福岡の有名店やその姉妹店もセレクト

5 ▶ お一人様でも行きやすい雰囲気の店も新たに追加

アイコンの見方

㊟住所	営 営業時間	席 席数
電話	㊡定休日	交 アクセス

◯カード ……………… クレジットカードの使用の可否
◯コース ……………… コース料理の有無
◯アラカルト ……… 単品料理の有無
◯平均客単価 ……… ドリンク（アルコール含む）込みの
そのお店での1人あたりの平均単価

●価格はすべて税込で記載しております。品によっては軽減税率の対象となり、
本書表示価格と異なることがあります。店舗によってはサービス料などが発生する場合があります。
●掲載のデータは25年3/12現在のものです。掲載しているメニューや、営業日時、料金について変更になる場合があります。
また、年末年始、GW、お盆などの休業、営業時間の変更などは反映されていない場合がございます。

ご利用される際は必ず事前にご確認ください。
●本書に掲載された内容による損害などは弊社では補償しかねますので、あらかじめご了承ください。

とにかく一度は行ってほしい！

間違いない！
福岡グルメの答え

デビ高橋

厳選の 新 10店

勢いのある店&福岡のご当地グルメを厳選。
店主の思いが料理に反映されているので、
感動すること間違いなし！
きっと福岡が好きになりますよ。

中央区・渡辺通　#飲み会

炉ばた 新川橋

　裏天神と呼ばれるエリア（渡辺通５丁目周辺）には頻繁に来ているのだが、こんなアパートがあるのは知らんやった。アパートの横にある鉄の階段を上がると部屋が並んでいて、その一番奥に『炉ばた 新川橋』はある。ここは２０２４年９月９日にオープンした店で、『炉ばた 雷橋』や『殻の三光橋』などを展開する雷橋グループの８番目の店舗なのだ。

　オーナーの佐竹孝雄さん（通称さたやん）は中村調理師専門学校を卒業後、福岡で飲食店員から警備員までいろいろな仕事をしていたのだが、27歳で京都に行き、モツ鍋店や炉端焼きの店の立ち上げを経験。２００８年、33歳の時に自転車で１か月かけて福岡に戻ってきた。その道中に漁港に立ち寄り、海産物や干物を取り扱っている漁師たちと親交を深めた。この経験によって得られた人とのつながりで、取り引きが始まり、今も雷橋グループの宝となっている。そして２０１０年２月22日に『炉ばた 雷橋』をオープンした。さたやんが35歳の時だった。当時、対面式の炉端焼きの店は福岡にはなかったので、すぐに評判となり、連日満席の大人気店となった。その後、肉に特化した『肉の雷橋』やアメリカンな内装の『グッドタイムスモークス』、１人でも鍋を楽しめる『鍋ばた 新川橋』など、次々と斬新なアイデアの店を出し続けて、雷橋グループは15年間で８店舗になるまでに成長した。

　さたやんいわく、炉端焼きは、魚や肉などの素材を焼くだけのシンプルな料理なので、食材の仕入れと焼き加減が重要らしい。素材がいいと焼くだけで旨いのは当然だが、焼き加減については経験とセンスがいるのだとか。強火で焼いたり、弱火でじっくり焼いたりと食材によって焼き方を変えることが求められるが、これは自分で覚えるしかないようだ。目の前にある焼き台では炭の量や置き方を調

創業者の〝DNA〟を引き継ぐ者が営む、
古いアパートを改装した隠れ家的な炉端焼きの店

炉ばた 新川橋

節して、強火、弱火の部分を作っている。また、キッチンのうしろにも焼き場があり、食材によって焼く場所も変えている。

この新しい店『炉ばた 新川橋』を任されているのは内田 匠さん、実はこの店の場所も、屋号、内装デザインもすべて内田さんが自身で決めたのだとか。雷橋グループのコンセプトを踏襲しながら、新しい特徴の店を作り上げた。これはもう、さたやんのDNAを忠実に引き継いでいると言えるだろう。

この店の特徴は、グループの他店舗にはない馬肉のほか、鹿肉などのジビエ系の取り扱いもある一方で、他店舗で人気のエビやカニのメニューもあるので、いいとこ取りしたラインナップという点だ。メニューが豊富なので、初めてで迷ったら、安くて旨い「鶏盛」（600円／1人前）を注文すれば間違いない。内田さんのオススメ料理「まながつお 塩焼」（1500円〜）は、塩加減が絶妙で、皮がパリッとしていて身は柔らかい。「鹿のステーキ」（1400円）は鹿のモモ肉で、鹿肉は牛肉と比べると高たんぱく、低脂肪なうえに鉄分が牛肉の2倍だというからヘルシー。赤身肉が好きな人にはぴったりだ。臭みはないし、しっとり柔らかく、ワサビ醤油で食べるとたまらない。「殻付ホタテ」（1200円）は、味が濃いので酒が進むよ。最後はリゾットにしてもらえるのもうれしい。仕上げに、目の前でバーナーで炙ってくれるので思わず動画で撮影してしまう。ここは、カウンター席しかないので、2、3人で行くのがおすすめ。人気店なので、予約していかんと入れんよ。

さたやんは、2、3年後にうきは市へ移住する予定で、一軒家で炭火焼きの料理を提供していきたいとのこと。畑を耕し、鶏も飼う予定だというから、どんな店になるのか、今から楽しみでしょうがない。

Shop Data

㊟ 福岡市中央区渡辺通5-13-21 ムツキソウ2F
✆ 092-753-7240
㊖ 17：00〜24：00（LO）
㊡ 日曜日、不定休
(席) 8席
(交) 渡辺通駅より徒歩6分
○カード／可
○コース／なし
○アラカルト／あり
○平均客単価／6000円

中央区・赤坂　#記念日

いでの上料理店

赤坂のマンションの1階にあるこの店は、屋号は料理店だが寿司が抜群に旨いのだ。店主の井手上《いでうえ》博久《ひろひさ》さんは、小学6年生の時に母親と一緒にパン作りをしたのが楽しくて、台所でよく母親の手伝いをしていたのだそうだ。そのうち料理の仕上げまで任されるようになったのだとか。これで料理に目覚めた井手上さんは、福岡の調理師専門学校へ進学し、卒業後は和食の店や寿司店で働いた。そして、満を持して2021年2月、46歳でこの店をオープンした。屋号を〝いで上料理店〟ではなく『いでの上料理店』にしたのは、「の」を入れるとゴロと画数がよかったから、そして「料理店」にしたのは、寿司店ではなく和食の店として認識してもらいたかったからだという。

店はL字カウンターの10席だけとコンパクトな空間で、BGMにはクラシックやオペラが流れており、スッキリとした雰囲気で清潔感がある。そして井手上さん自身も毎日T字カミソリで、頭をツルツルにしていて清潔感がある。店主の心持ちが店に反映されているということなのだろうか。

料理は「おまかせコース」（14800円）のみで、アラカルトはない。内容は一品料理5、6品、鮨は10種類ほどで、基本的に一品料理のあとに寿司が提供される流れ。最後は井手上さんの出身地である長崎の「島原手延べそうめん」で締めるのが定番だ。井手上さんが酒好きなので、酒に合う料理が供されるのが特徴。日本酒はグランドメニューが4種類で、メニューにのっていないものが10種類以上あるらしい。シャンパンやワインは40種類くらいあり、赤はピノ・ノワール、白はシャルドネがメインとのこと。グラスワインは国産の甲州ワインがメインで、赤とオレンジは1種類、白は2、3種類ある。

「おまかせコース」の内容は1か月半く

ツルッとした店主のアイデアが輝く
和食の店は寿司も抜群に旨いのだ

いでの上料理店

らいで変更するらしいが、定番のものもある。例えば車エビの握りは、車エビをエビの頭と殻を煮詰めたダシにサッとくぐらせると、味と香りが抜群によくなるのだ。イカは季節によってヤリイカやアオリイカと使うものが変わるが、3、4日間寝かせたイカはしっとり柔らかく仕上がっている。茶碗蒸しも定番の一つで、季節の食材を入れたものが出されるが、シャリも入っているので、最後はリゾットのようにして食べてほしいとのこと。魚だけでなく黒毛和牛や豚などの肉系も必ずコースに入っているので、途中で飽きることがない。南関揚げの細巻きは、南関揚げを海苔で巻いたもので、普通とは逆の発想。海苔、木の芽、ワサビの相性が抜群だ。さらに、たまごサンドはカラシとマヨネーズが効いていて、焼いたパンのサクッとした感じが楽しい。

毎年5月と12月は土瓶蒸しとして、土瓶に入った水炊きが提供されるそうだ。5月は澄んだスープで、12月は白濁したものらしい。これを目当てに5月と12月に必ず来店するお客もいるのだとか。

ほかにはないおもしろいアイデアがちりばめられているコースだが、井手上さんは普段から料理のことばかり考えているらしく、ふとした時にアイデアが浮かび、それをしっかりメモしているのだそう。できるだけほかでは見かけないような料理を提供していきたいという思いが常にあるようだ。

ここは前日までの完全予約制で、昼も夜も「おまかせコース」のみ。ただ、12時30分から最終入店の20時まで、好きな時間に予約できるのはありがたい。子供がいて夜になかなか来られない人が、昼に来店されることも多いらしい。最近は人気で、1か月くらい前から予約しないといっぱいで入れないらしいので、早めの予約がおすすめですよ。

Shop Data

㊟福岡市中央区赤坂1-2-6
赤坂パインマンション1F
📞092-791-6534
㊒12：30～最終入店20：00
※前日までの要予約
㊡不定休

(席)10席
(交)赤坂駅より徒歩7分
○カード／可
○コース／あり
○アラカルト／なし
○平均客単価／18000～20000円

南区・長住　#飲み会

炭焼くまのや

ここは、福岡の中心地から車で20分ほどのところにある焼鳥店で、アクセスがあまりよくないが、わざわざ行きたくなる店なのだ。銘柄鶏は使っていないが、鮮度と技術で素晴らしいものを提供してくれるので、定期的に通っている店の一つ。行く時はいつもワクワクしてしまう。店内はコンクリート打ちっ放しの壁と木のカウンターの組み合わせがかっこいい、カウンター12席だけの大人の店だ。料理は焼鳥だけでなく一品料理もどれも旨いので、毎回何を食べるか悩んでしまう。店主は居酒屋でアジの開きにワインを合わせるほどのワイン好きなので、ワインも60～70本は常時あるようだ。

　店主の熊野隆介《くまのりゅうすけ》さんは、このエリアの南区桧原出身で、調理師専門学校を卒業して、ホテルの洋食部門で働いたのち、焼鳥店で働き、２０１４年に独立して、『炭焼くまのや』をオープンした。熊野さんいわく、焼鳥はシンプルな料理なので、水抜きや塩加減、串の刺し方も重要だが、「串打ち3年、焼き一生」という言葉のとおり、特に焼き方が重要だそうだ。炭火を使った焼き台には、長くタネ（串に刺さっている具材）をのせないようにしているが、火が強すぎてもダメらしい。また部位によっては中火にしたり、弱火にしたりして焼き方を変えている。串の刺し方は、職人によって個性が出るので、熊野さんは焼鳥を見ただけで、その人がどこの焼鳥店出身なのかがわかるらしい。使っている鶏は、熊本の朝引き鶏がメインで、毎日熊本に行っている目利きの人から、銘柄鶏ではないが良質なものを購入しているのだとか。丸鶏（中抜き）で仕入れているので、新鮮な希少部位を食べることができるのもうれしい。鶏肉は質のいいものかどうかは生で見るとわかるらしく、いいものは肉がピンク色でハリがあり、肉質が柔らかく焼いても縮まず、かえって膨らんだりするそうだ。

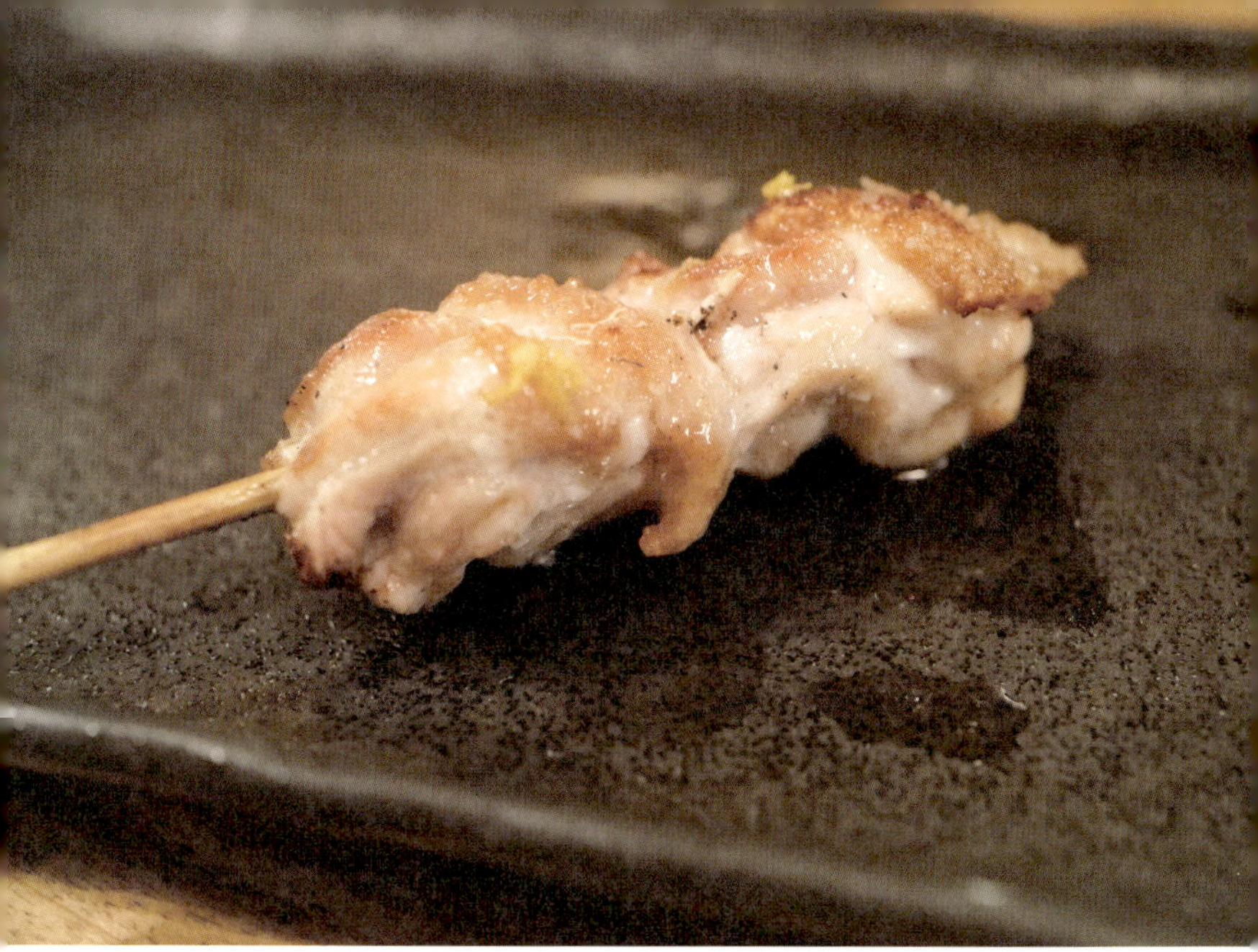

銘柄鶏じゃないのにバリ旨！
卓越した焼きの技術と料理センスをもつ店主がいる店

炭焼くまのや

熊野さんの焼鳥のオススメは、よく血抜きされた「キモ」(250円)や、骨を抜いて食べやすくした「手羽元」(280円)、「つくね」(350円)だそう。「つくね」には、白ネギ、山芋、大分の赤味噌、卵、せせりミンチ、ももミンチが入っていて食感も楽しい。ちなみに私のオススメは「ヒザ」(300円)で、コリコリ、バリバリの歯応えが楽しい。これは希少部位なので、いつもあるわけではないようだが、ぜひ、熊野さんに聞いてみてください。それと「砂ズリ」(220円)のコリサクな食感も好きだ。一品料理の品数も豊富で、どれにするか迷ってしまう(しかも達筆すぎて読めない)に違いないが、県外の人なら博多名物の「ゴマサバ」(850円〜)を食べてみてほしい。その日のメニューになくても熊野さんにお願いしたら作ってくれるかも。そうそう「お通し」(480円)がキャベツではなく、レタスというのも珍しいよね。

2人で来店した場合の食べ方としては、野菜料理を2品くらい、そのあとに魚の刺身を日本酒で楽しみ、それから「やきとりのおまかせ」(6本1700円、8本2000円)をワインに合わせるというパターンが多いらしい。グラスワインは白が3種類、赤が3種類あるので、ボトルで頼まなくても数種類のワインが飲めるのはありがたい。常連になると、焼鳥は2本くらいであとは一品料理を7、8品食べるという人もいるそうだ。

熊野さんは、営業中は寡黙を装っているが、おもしろいことを言うと、時々こっそり笑ってくれたり、メダカの育成が趣味で、店の前でも飼っていたりと、おちゃめなところがあるよ。ここは人気店で突然行っても入れないことが多いので、事前に予約するのがオススメだ。ここの焼鳥はしょっちゅう食べたくなるので、家の近所に移転してくれんかな。

Shop Data

㊟ 福岡市南区長住3-1-1
ブレス金子ビル1F
✆ 092-555-2666
㊢ 18：00〜24：00 (LO22：00)
㊡ 月曜日
(席) 12席
(交) 長住3丁目バス停より徒歩1分
○カード／不可
○コース／なし
○アラカルト／あり
○平均客単価／5500円

博多区・冷泉町　＃旅行

冷泉町 いとちん

博多で行われる夏祭りの一つ「博多祇園山笠」の聖地である「櫛田神社」の参道に面した建物の2階に、この店『冷泉町 いとちん』はある。ここでは博多の郷土料理を、懐石スタイルの「博多料理」として、ちょこちょこ食べることができるのだ。もともと「博多料理」という言葉はないが、店主の伊藤孝晃さんが、博多の食文化をもっと世界中の人に知ってもらおうと、懐石スタイルにブラッシュアップさせて「博多料理」と命名した。

伊藤さんは福岡出身で、中学3年生の時に父親に連れてきてもらった屋台での体験が楽しすぎて、今度は楽しませる側になろうと飲食の道に進む決意をしたという。父親の知人が和食の職人だったため、そのツテで広島県福山市の和食店で修業したのを手始めに、大阪、神戸、東京、マレーシア、埼玉といろいろな地域で働いた。15年ほど前に福岡に戻ってきて、地元の海鮮居酒屋に入店したのだが、伊藤さんは見かけによらず熱い男で、よく声を出して店を盛り上げていたため、「叫びの天才」とか「燃える闘魂」と呼ばれることもあった。その当時の海鮮居酒屋の社長からつけられた「いとちん」というあだ名が現在の店名になっている。

伊藤さんの店『冷泉町 いとちん』は、2019年5月1日の、令和元年になったその日にオープンした。建物の横の狭い階段を上がって行き、背の低い扉をあけて店内に入ると、イチョウの一枚板のカウンターがどん！と目の前に飛び込んでくる。そこにはニコニコした伊藤さんと奥様が出迎えてくれるから、なんだか安心してしまう。

料理はコースで、まず「水炊き」のスープから始まり、次に波佐見焼の器に盛り付けられた「がめ煮」が登場する。具材が小さめにカットされていてしゃれている。あご（トビウオ）とシイタケのダシを使った「博多雑煮」は年中メニューに

博多を愛しすぎている店主が、
博多の郷土料理を懐石スタイルの「博多料理」に変貌させた

冷泉町 いとちん

あるらしく、仕込みが大変そうだ。ダイダイの上に盛り付けられた、厚めにカットされた「フグ」はコリッとした食感で、ネギとタレでしっかりした味付けになっている。博多名物の「ゴマサバ」も食べることができる。分厚くてコリコリした新鮮なサバと、ゴマダレの相性はぴったりで酒が進むよ。締めの土鍋ご飯は、福岡県産米をほうじ茶で炊いたもので、焼いた塩サバと明太子がのっている。これをさらにバーナーで炙ることで香ばしさが倍増するのだ。

料理はすべて酒に合う味付けになっているので、ついつい飲みすぎてしまう。日本酒は、グランドメニューで8種類とメニュー以外のものが2種類くらいあり、全部で10種類くらいあるようだ。もちろんビールや焼酎、ウイスキーもあるので、好きなものを飲んでいいのだが、ここの料理にはぜひ日本酒を合わせてみてほしい。器にもこだわっており、秀山窯《しゅうざんがま》という、独特の藍色が特徴の小石原焼や、古伊万里や伊万里焼など九州のものを使っているとのこと。

そもそもこんなかたちで郷土料理を提供するという発想は、ずっと福岡にいたらできないかもしれない。日本全国のいろいろな地域で働いた経験をもつ伊藤さんだからこそのものだろう。料理はコースのみで、11000円、16500円、22000円の3種類。品数は一緒で違いは食材の質らしい。どのコースも品数は10品以上で、内容はその時の仕入れによって変わるようだ。伊藤さんは店の営業が終わってから仕込みを始め、朝には市場に買い出しがあるので、店で仮眠したりしてあまり家に帰っていないらしい。ちょっと心配だ。

今度、県外からの友人が福岡に来ることがあったら連れてきたい。ハシゴ酒はつらい年齢なので、いろいろな博多の料理を一度に楽しめるのはありがたい。

Shop Data

㊟福岡市博多区冷泉町5-8 2F
✆092-710-5984
㊒18：00〜23：00（最終入店20：30）
㊡日曜日
(席)10席
(交)祇園駅より徒歩3分

○カード／可
○コース／あり
○アラカルト／なし
○平均客単価／17000円

中央区・中洲　#デート

神戸焼肉 大山

　馬出にある『焼肉ホルモン人生大ちゃん』の姉妹店が、2024年9月20日、西中洲にオープンした。ここ『神戸焼肉大山』は、カウンター12席だけのコンパクトな店。韓国料理と神戸ビーフの焼肉がメインのコース料理を、ゆっくり楽しんでもらいたいというコンセプトだそう。馬出の『焼肉ホルモン人生大ちゃん』では、神戸ビーフのウデやモモが中心だが、こちらではリブロースなどを提供しているとのこと。

　神戸ビーフとは、但馬牛の未経産牛もしくは去勢牛のA4・B4等級以上なので、肉質が柔らかく、最高級の霜降り肉だから、熱で脂肪が溶けると筋肉がほぐれて柔らかい舌触りとなるのが特徴だ。同じ肉でもカットの仕方や厚みによっておいしさが変わるので、そこを楽しんでもらいたいそうだ。ここでは神戸ビーフだけでなく太田牛も取り扱っている。太田牛とは兵庫県の太田牧場の独自ブランド牛で、自然豊かな小高い山の上でストレスをかけずに育てられた3歳未満の未経産牛のこと。その厳しい基準には、神戸ビーフよりもおいしい牛肉を作りたいという思いが込められており、赤身と脂の旨味が絶妙なバランスなのだ。

　共同経営者の大山大鐘《おおやまだいしょう》さん（通称大ちゃん）は、福岡市東区生まれで、学校卒業後に当時リバレインにあった『叙々苑』で働き始めた。しばらくして『焼肉大東園』に転職したあと、キックボクサーになる夢を実現するために20歳で上京したが、夢破れて『焼肉大東園』に戻ってきた。『焼肉 大東園』で知り合った金さんが、東京の三軒茶屋で『神戸焼肉かんてき』をオープンするというので、その立ち上げを手伝い、そのまま10年ほど働き、店長を任されるまでになったそうだ。そこを退職して福岡に戻り、38歳で自身の店『焼肉ホルモン人生大ちゃん』をオープン。福岡の肉好きの間で評判とな

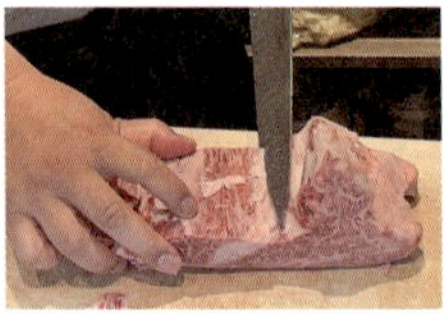

カットや厚みによって変わる
最高級の神戸ビーフの味を堪能してほしい

りすぐに人気店となった。それから2023年9月14日にオープンした金さんの店『神戸焼肉かんてき 春吉店』をプロデュースしたのち、金さんとの共同経営というかたちで『神戸焼肉 大山』をオープンした。

「おまかせコース」(14300円)の内容は、1品料理が4品と神戸ビーフのたたき。焼肉は塩系が厚切りタン、神戸ビーフのリブロース、和牛ハラミ、ミノの4種類、タレ系は神戸ビーフのまんじゅう(リブ芯)とえんぴつ(リブロース)、サーロイン、タン、ギアラの5種類。シメは参鶏湯で、デザートは練乳たっぷりのパイナップルのかき氷だ。

厚切りタンの食べ方だが、まず生胡椒の塩漬けを先に口に入れ、口の中にスパイスが広がるのを感じ、そのあとに厚切りタンを食べると抜群のハーモニーだ。融点が低くてとろける神戸ビーフのリブロースにはニンニクの醤油漬けがぴったり。ミノと青唐辛子の組み合わせもよかった。神戸ビーフのまんじゅうは柔らかく、肉汁がすごいので〝ジュワー感〟を楽しむとよい。コース内容は仕入れによって変わるようだが、ある程度リクエストにも応えてくれるようなのでありがたい。ゆっくりと食事を楽しみ、大ちゃんと会話したいなら21時以降がオススメ。満席でなければスタッフが肉を焼いてくれるよ。知識が豊富な大ちゃんに肉のことをいろいろ聞くと楽しいし、おいしさも倍増するに違いない。またアラカルトもあるので、自分の好きな部位を少しだけ楽しむこともできる。

これは裏技だが、常連になると事前に予約すれば24時以降も営業してもらえるらしい。店内が大人な雰囲気なのに子連れOKなのはありがたい。そうそう、笑顔がかわいい大ちゃんはお嫁さん募集中とのことなので、誰かお願いします(笑)。

Shop Data

㊟ 福岡市中央区中洲1-4
プロスペリタ西中洲II 1F B
📞 092-711-5929
(営) 17:00〜24:00(LO23:30)
(休) 不定休
(席) 12席

(交) 櫛田神社前駅より徒歩8分
○ カード/可
○ コース/あり
○ アラカルト/あり
○ 平均客単価/15000円

中央区・六本松　#飲み会

炉端ノいとおかし

2024年4月11日、六本松の京極街という風情が残るエリアのすぐ隣に『炉端ノいとおかし』がオープンした。ここはコロナ禍の時に、「乗せ放題マグロ丼」などの海鮮朝食を始めて福岡に朝食文化を創り出した、春吉の『魚ト肴 いとおかし』の姉妹店だ。

目の前で魚介類を焼いてくれる炉端焼きが特徴で、ライブ感がありスタッフも元気がいいので、オープンしてすぐに人気店となった。『魚ト肴 いとおかし』と同様に朝食もやっていて、いつも行列ができていたが、2024年11月からは完全予約制になったため、並ばなくてよくなったのはありがたい。しかも元日から営業しているので、今年の正月の第1食目はここだった。

グループ代表の泊《とまり》信志《しんじ》さんは、ここを立ち上げるためにわざわざ静岡まで行き、ハイパー干物クリエイターの藤間さんに2週間ほどお世話になって、干物のことをいろいろ教えてもらったらしい。

抜群の行動力がある泊さんは、鹿児島県の屋久島出身で、大阪の調理師学校を卒業後、『京料理 木乃婦《きのぶ》』で2年間勤めたあと、福岡の『博多料亭 稚加榮《ちかえ》』で働き、最後は花板（料理長）を任されるまでになった。

『稚加榮』に入店する前から、自分の店を持つことが目標だったので、『稚加榮』が休みの時には、ミシュラン獲得店などいろいろな店で皿洗いとして無給奉仕させてもらい、職人の仕事ぶりを見てきたそうだ。その数、なんと5年半で80店というから驚きだ。

26歳の時に、初めての店『博多華吉』をオープン。その5年後の2020年5月に『魚ト肴 いとおかし』をオープンしたが、ちょうどコロナ禍で、夜の営業ができない時であったため、朝の営業にシフトしたのだそう。彼の柔軟な行動力と〝マグロの乗せ放題〟といった斬新なアイ

朝からおなかも心もいっぱいに！
目の前で焼いてくれるパフォーマンスと接客に感動

炉端ノいとおかし

デアで、朝食が大ヒットして一躍人気店となった。その後、2022年に手打ちそばで巻いたアテ巻きが名物の『酒場 あらかぶ』を平尾にオープン。その2年後に4店舗目となるここをオープンした。

朝食は朝8時から13時までなので、実は朝食としてだけでなく、ランチとしても利用できるのだ。朝食メニューは「銀鮭定食」(2200円)と寒ブリの「あら炊き定食」(2800円)の2種類。「あら炊き定食」の魚は仕入れによって変更されるよう。それと以前あった「国産うなぎ定食」も、近々復活する予定らしいので楽しみだ。「銀鮭定食」の大きな銀鮭は、干物なのに身がしっとりフワフワなのには驚いた。気のきいたいろいろな小鉢が付いているので、朝から飲みたい気分になってしまうよ。

17時30分からスタートする夜の部のオススメは、ホワイトボードに書かれているからよく見てね。この日は「本カワハギ刺」(2980円)が入荷していたので、すぐに頼んでしまった。肝醤油と一緒に食べると最高だ。炉端メニューで定番の「まぐ炉盛り」(980円)は、マグロの3つの部位を炙ったもので、酒のアテに最高。個人的に好きなのは「鯖節らっきょ」(480円)。写真映えはしないが、鯖とらっきょうとマヨネーズのコラボがたまらない。おじさんはこういうのがいいんだよね。ここに連れてきた友人(同じくおじさん)はお代わりしていたっけ。

店主が屋久島出身だからこそ手に入る「三岳ジョイホワイト」(700円)はフルーティな感じで飲みやすい。おそらく福岡ではここでしか飲めないのではないだろうか。

最近は泊さんがいない時もあるが、その時は朝は店長の岡 祐一郎さんが、夜は副店長の小山《おやま》里佳子さんが店を任されている。2人とも人当たりがいいので、泊さんがいなくても十分楽しませてくれる。

Shop Data

㊟福岡市中央区六本松2-3-13
✆092-406-8690
㊒8:00～13:00(LO12:00)、17:30～23:00(フードLO22:00、ドリンクLO22:30)
㊡日曜日・祝日の朝食、不定休
㊢22席
㊍六本松駅より徒歩3分
○カード/可
○コース/なし
○アラカルト/あり
○平均客単価/朝2200円～、夜5500～6000円

東区・馬出　　#旅行

ラーメン駒や　馬出創業店

この店は、福岡市営地下鉄馬出九大病院前駅から徒歩数分の、レトロで懐かしい雰囲気の馬出中央商店街の一角にある。オープンは２０１９年と比較的新しいのだが、昔ながらのクサくて旨い博多シャバ系の豚骨ラーメンが食べられると評判の店なのだ。博多シャバ系とは、ドロドロしていないサラッとしたスープの豚骨ラーメンのこと。このラーメンを創り出した店主の倉田承司《くらたじょうじ》さんは、この地域が地元で、小さいころからここで育ってきた。だから博多ラーメンの源流といわれている『博龍軒』や『赤のれん』『だるま』がお気に入りだったという（『赤のれん』と『だるま』はほかの場所に移転した）。大学卒業後は就職はせずに、大学時代からやっていたフランチャイズの玩具店や、熱帯魚店などいろいろな仕事をやったそうだ。飲食はアルバイトの経験しかなかったが、２０１５年に『鉄板焼き駒や』をオープンした。ここは昔ながらの「一銭洋食」（お好み焼きの一種）を提供する鉄板焼き居酒屋で、屋号は曽祖母が昔営んでいたうどん店が、常連客から『こまや』と呼ばれていたので、それにあやかり『駒や』とした。ある時、昔ながらのクサくて旨い豚骨ラーメンが食べたいという常連客のリクエストがきっかけで、ラーメン作りに没頭することになったそうだ。ラーメン店での修業経験はなかったので、居酒屋の営業後に、毎晩試作を繰り返し、２時間しか寝てない、なんなら寝なかった日もあるくらい集中して、約２か月後にようやく理想のラーメンが見えてきたという。２０１８年から1日20杯限定で豚骨ラーメンを提供するようになったが、20杯ではスープがなかなか安定せず、毎回違う味だったという。それでもその豚骨ラーメンが好評だったため、２０１９年に思い切って居酒屋を改装してラーメン専門店としてスタートした。豚の頭とゲンコツ、皮を

ドロドロではなくシャバシャバ！
クサ旨な博多シャバ系豚骨ラーメンにハマってしまった

ラーメン駒や 馬出創業店

じっくり丁寧に弱火で12時間ほど炊いたスープを前日のスープに足すことで、熟成感があるクサくて旨いスープに仕上がるのだそうだ。

2024年1月1日に糟屋郡宇美町に『ラーメン駒や 総本店』をオープンしたので、現在倉田さんはそちらに常駐しており、この『ラーメン駒や 馬出創業店』の方は砥綿信仁《とわたのぶよし》さんが店長を任されている。料理は作る人が変わると味が変わるといわれているが、砥綿店長の作るラーメンは、倉田さんの作った〝クサ旨シャバ系のDNA〟を忠実に受け継いでいるといえるだろう。

個人的にお気に入りの「ワンタンめん」（960円）のスープは、見た目が茶褐色だから粘度が高そうだが、実際はサラッとしている。しかし、発酵熟成しているのでパンチがあるのだ。麺は豚骨ラーメンになじむサクッとした中細ストレート麺。醤油ダレはヤマタカ醤油の本醸造にカツオ節と阿波尾鶏《あわおどり》のムネ肉の鶏節を使用したもので、ここの豚骨スープとの相性が抜群だ。脂は鍋の上澄み脂を使っているのだそう。さらに自分好みにラーメンをカスタマイズすることも可能だ。例えば、「ラーメン」（780円）のカエシを「塩ダレ」（50円）に、麺を「唐辛子練込麺」（50円）に変更してもらい、「卵黄」（80円）をトッピングすることもできる。塩ダレの時は、通常の醤油ダレと比べるとキリッとした感じになる。また、脂は鍋の上澄み脂ではなくラードを使っているので、クサさが抑えられているのだ。「唐辛子練込麺」は程よい辛味で、あとから体がポカポカしてくるよ。途中で、無料のニンニクをクラッシャーでヘズって投入すると最高だ（ヘズるとは、ここでは丼のふちにクラッシャーで搾ったニンニクを擦り付けることをいう）。あぁ、このラーメンはクセになるからまた食べたくなってきた。

Shop Data

㊟福岡市東区馬出2-5-7
📞092-292-9480
営 6：00～15：00（LO14：30）、
土曜日・日曜日・祝日8：00～14：00
（LO13：30）※100杯売り切れ次第終了
㊡水曜日

席 7席
交 馬出九大病院前駅より徒歩4分
○カード／不可
○コース／なし
○アラカルト／あり
○平均客単価／1180円

博多区・店屋町　#会食

割烹よし田

　ここは、福岡で「鯛茶漬け」といえば『割烹よし田』といわれ、県内外から著名人が多く訪れる超有名店で、ランチはいつも行列ができている。1963年に現社長の吉田泰三《よしだたいぞう》さんの父、、幸生さんが現在の天神ビジネスセンター付近にあった「福神街」に店舗をオープンしたのが始まりで、1977年に『みずほ銀行福岡支店』の近くに移転し本社ビルを建設。それから2021年2月に天神ビッグバン（天神駅周辺の大規模都市開発）のため、天神から現在の場所（店屋町）に移転した。そして、いよいよ2025年6月10日にもとの場所に新しい本社ビルが誕生するのだ。新しいビルは、地上4階地下1階で、席数は166席、個室は14、15部屋あり2〜60人に対応できるようなので大宴会も可能だ。また、最大10人まで入れるVIP用の特別室も作るらしく、料理も器も特別なものになるとのこと。

　吉田泰三さんは1965年生まれで、大学を卒業後、東京の港区白金台にあった料亭で6年ほど働き、地元福岡の和食店を経て、30歳くらいの時に『割烹よし田』へ戻ってきた。新たにふぐ料理の店を立ち上げたのち、2011年に社長を引き継いだ。そうそう、吉田さんが料理をするInstagramの動画がバズって、フォロワー数が約26万人に！　2025年3月には、KADOKAWAからレシピ本を出版するまでになったそうだ。最初のうちは再生回数も少なかったようだが、料理のレシピについて知人やお客のリクエストに応えていたら、どんどんフォロワーが増えていったらしい。名物の鯛茶漬けの料理動画はないのか聞いてみたところ、タレについては、吉田さんしか知らない一子相伝の秘伝の製法らしく、奥様ですら作り方を知らないので動画はないのだそう。その秘伝のタレを使った「よし田名物 鯛茶」（1650円）を食べるためには並ばないといけな

ハマる人が続出の「鯛茶漬け」の名店。
2025年6月に天神に新本社ビルが誕生

割烹よし田

いと思っていたが、実は予約できるそうなので、並びたくない人は予約していくのがオススメだ。私の東京の知人は、福岡に来るたびにここで「鯛茶」を食べており、1日のうちに昼も夜も来ることがあるくらいハマっている。どうやら「鯛茶」にハマっているのは1人や2人ではないらしいので、秘伝のタレに中毒性のある物質が入っているのではないかと疑いたくなるくらいだ。「鯛茶」の食べ方は、まず鯛の身と秘伝のタレとワサビをよく混ぜ合わせ、1膳目はご飯と一緒に、2膳目は残りの鯛の身とタレをご飯にのせ、ダシをかけてお茶漬けとして食べると2度楽しめる。個人的には、1膳目で鯛の身をほとんど食べてしまうので、お茶漬けを楽しむためには鯛の身が2倍入った「よし田名物 鯛茶2倍」（3245円）がオススメだ。ランチタイムの一番人気は、「鯛茶」と天ぷらの両方が一度に食べられる「鯛茶天ぷらハーフセット」（2365円）らしい。天ぷらの量もたっぷりなので人気なのも納得。土曜と日曜は小鉢、刺身4種盛り、天ぷら、鯛茶、香の物が付いた「ランチコース」（3850円）が、お酒にも合うので人気があるそうだ。今度ゆっくり「ランチコース」で昼飲みしてみよう。

　ここは「鯛茶」のほかに「いか活き造り」（時価）も名物なのだ。なんといってもイカが大きいので、県外の人にも喜ばれること間違いなし。私が好きなのは夜の「鯛しゃぶ会席」（7700円）で、鯛しゃぶだけでなく「いか活き造り」や「鯛茶」も付いているので超オススメだ。

　余談だけど、吉田さんと仲のいい、福岡のタレント加藤淳也さんが、吉田さんのことを「吉田鯛三」と書いていると伝えたら、「何言ってんだ、吉田鯛造だろ」と返された。さすがです（笑）。

Shop Data

㊟福岡市博多区店屋町1-16
☎092-409-0703　㊢11:30～14:30（最終入店13:50／LO14:00）、17:00～22:30（最終入店21:00／LO21:30）、土曜日・日曜日・祝日11:30～14:30（最終入店13:50／LO14:00）、17:00～22:00（最終入店20:30／LO21:00）
㊡第1・4日曜日、お盆、正月（※2025年6月10日以降は日曜日、月曜日に変更。日曜が祝日の場合は営業）　(席)120席　(交)呉服町駅より徒歩3分　○カード／可
○コース／あり　○アラカルト／あり
○平均客単価／昼2000円、夜10000円

中央区・白金　＃デート

FIGO SHIROGANE

何を食べてもハズレがないと評判のイタリアンで、そのうえ料金が手ごろというから『ＦＩＧＯ ＳＨＩＲＯＧＡＮＥ』が人気店にならないわけがない。アラカルトでいろいろ食べられるのもうれしいし、６６００円のコース（２人〜）もある。

こんな男前な店を創り出したオーナーシェフの城戸《きど》敏宏《としひろ》さんは熊本出身で、福岡の大学を卒業したあと、ホテルに入っているイタリア料理店『マンジャーモ』に就職した。大学での専攻は商学部だというから、てっきり経理か事務系の仕事かと思ったら、なんとホールの仕事だったというから驚きだ。というのも城戸さんは、大学生の時に居酒屋やイタリア料理店でバイトしているうちに料理に興味を持ち始め、学生のうちから調理師免許まで取得していたのだ。2年半ほどホールの仕事をしたあと、キッチンで2年間勤務し、27歳の時にイタリアへ渡った。

北イタリアのレストランなどで3年ほど働き帰国。ここ福岡で、昔の上司がオープンした洋食店やビストロの立ち上げを手伝ったのち、２０１１年9月に渡辺通に『ＦＩＧＯ』をオープンした。33歳の時だった。当時は男性が飲みに行く時はたいてい居酒屋で、イタリア料理に行くような習慣はなかったので、男性客にも来てもらいたいという思いから、価格帯を居酒屋に合わせたのだという。店名の『ＦＩＧＯ』も「いい男」や「伊達男」という意味合いらしい。城戸さんの狙いは的中して、男性客からも人気の店となった。それから11年後の２０２２年9月に、この『ＦＩＧＯ ＳＨＩＲＯＧＡＮＥ』をオープンした。スタッフを成長させて店を引き継がせていきたいという思いと、『ＦＩＧＯ』が狭くて満席の時が多く、常連客の入店を断っていたので、落ち着いた雰囲気で常連客とゆっくり話ができる店を作りたいという思いがあっ

何を食べてもハズレがないと評判のイタリアンは、
カウンター席がオススメ

FIGO SHIROGANE

たそうだ。ぜひ、カウンター席を予約して、城戸さんとの会話を楽しんでもらいたい。ただ、来店するたびにワインのマグナムボトルを飲みたがる天ぷら店の大将や、酒が異常に強い寿司店の大将など、個性的な同業者にも人気なので、いつも接客が大変そうだ。もちろん、店内はシックな雰囲気でテーブル席もあるので、デート相手とゆっくり話すこともできるよ。

ここのスペシャリテはやはり「海老のアメリカンクリームソース焼き」(2640円)だろう。エビのエキスが染み出たソースは濃厚で、旨味が凝縮されていてたまらない。エビは頭からガブリといってほしい。エビ味噌の旨味と香ばしさが口中に広がるよ。海老とズッキーニが入ったパスタ「FIGO風ジェノベーゼ」(1650円)も定番だ。オリーブオイルと塩加減が絶妙で、ワインが飲みたくなるに違いない。

白金店だけのメニューは「カラブレーゼ(唐辛子のツナ詰め)」(660円)や「玄海産エイのムニエルアンチョビバターソース」(1760円)。なかでも城戸さんのオススメは、ちりめんキャベツがある冬だけのメニュー「カッスーラ(豚足、豚肉、ちりめんキャベツ)」(1860円)や「豚すね肉の白ワイン煮込み(サフランリゾット添え)」(2860円)らしい。こちらは食べたことがないので、食べてみらんといかんね。

城戸さんに今後の展望を聞いたところ、『FIGO』の近くにここをオープンしたが、両方の店に目を行き届かせるのは難しかったので、薬院近辺で、『マンジャーモ』や海外の店のように広くて大きな店をやりたいらしい。しかも年中無休で。そうしたら大きな厨房で後進を育てたり、シェフの層を厚くしたりできるのではないかとのことだった。城戸さんならきっと夢が実現しそうな気がする。

Shop Data

㊟福岡市中央区白金1-18-17
📞092-981-1087
㊚17:00～24:00(LO23:00)
㊡日曜日
(席)19席
(交)薬院駅より徒歩4分

○カード／可
○コース／あり
○アラカルト／あり
○平均客単価／7000～8000円

博多区・築港本町　#お一人様

うどんスタンド たなか

　ここは、「ベイサイドプレイス博多」の待合室にある、カウンター席6席とテーブル席6席だけのうどん店。一見するとバスターミナルや駅にある立ち食いうどん店のような印象だが、実はここのうどんが旨いのだ。九州産小麦「チクゴイズミ」１００％の自家製うどんは、ツルモチでコシがあるタイプ。いわゆるコシのない博多うどんではない。スメ（ダシ）は、水出しのイリコや羅臼昆布のダシをメインに、最後にカツオ節を投入したもので、しっかりした味付けだ。

　店主の田中規保《たなかのりやす》さんいわく、まだスメの完成度は70％くらいで、現在試行錯誤中とのこと。お客のスメ完飲率70％を目指しており、常にもっといいものを求めて、味を変えている。お客にも味の変化を楽しんでもらいたいとのこと。その過程で進化することもあれば退化することもあるかもしれないので、遠慮なく指摘してほしいらしい。

　田中さんは長崎出身で、20歳から福岡のバーで働き、その後転職してサラリーマンを7年ほど経験したあと、東京の六本木ヒルズにあった博多うどん『軍鶏と純手打ちうどん はし田本店』に入店した。ここは3年連続で「ミシュランガイド東京」に掲載されたビブグルマン獲得店だったが、２０１８年に惜しまれつつ閉店してしまった。その後、福岡に戻ってきた田中さんは、２０２２年７月16日に『うどんスタンド たなか』をオープンした。

　店のオススメ2位の「肉ごぼ天うどん」（１０５０円）＋「えび天」トッピング（３３０円）と、3位の「明太子かま玉」（９５０円）＋「ちくわ天」トッピング（１５０円）をいただいたが、どちらも２日間熟成させた麺はツルモチで喉越しがいい。「肉ごぼ天うどん」のスメはしっかりした味付けだが飲み干せるよ。「明太子かま玉」は、卵とダシ醤油だけで味付けされたうどんで、途中で生卵を溶くとコ

え？ここ？フェリー旅客船の待合室にあるので、
初めはみんな驚くうどん店

うどんスタンド たなか

クが増し、明太子と一緒に食べると濃い味付けになるので、酒のアテにする人もいるそうだ。ちなみに1位は「肉汁つけうどん」（1100円）＋「おん玉」トッピング（220円）だが、こちらは食べたことがないので、近々食べてみたい。

実はここにはもう一つの顔がある。なんと熟成豚のしゃぶしゃぶが食べられるのだ。最初にここを訪れた時は、うどんではなく熟成豚のしゃぶしゃぶを食べに来たのだが、来店してみて「え？　ここでしゃぶしゃぶコースが食べられると？」と思わず声が出てしまった。使っている豚は「南の島豚」という宮崎のブランド豚で、沖縄のアグー豚と赤豚のデュロック種などを交配したものだが、この豚肉は旨味成分の含有量が多く、脂は淡泊で甘く、赤身は濃厚なのが特徴だ。これをわざわざ京都まで輸送し、熟成肉で有名な『京中《きょうなか》（京都中勢以）』で約3～5週間熟成しているというから、期待値も上がるね。しかし、これだけ手間をかけた「熟成豚のしゃぶしゃぶ」のコースが6600円だというから驚いてしまった。

この時の部位はバラ、肩ロース、モモの3種類で、熟成した豚を食べたのは初めてだったので、口に入れた瞬間、香りと熟成した旨味が口中に広がり衝撃を受けたのを覚えている。しかも、しゃぶしゃぶでアクが全く出ないのにも驚いたが、これは豚肉への負担がないということらしい。このしゃぶしゃぶを食べるためには、夏は3日前、冬は1週間前の予約が必要とのこと。締めにはわざわざ打ちたてのうどんを食べさせてくれるパフォーマンスも楽しい。打ちたてのうどんは小麦の香りを楽しめるので、こちらもぜひ食べていただきたい。事前に予約をすれば昼でも夜でも食べられ、貸切りは6人から可能だ。これを書いていたらよだれが止まらなくなったので、またすぐに食べに行かなくては。

Shop Data

㊟ 福岡市博多区築港本町13-6
ベイサイドプレイス博多1F
📞 なし　㊔ 11:00～17:00※麺やスープがなくなり次第終了、17:00～は要予約のコースのみで2人～。予約は3日前までにInstagramのDMから

㊡ 火曜日、不定休（Instagramに掲載）
㊢ 12席
㊮ 博多ふ頭バス停より徒歩1分
○ カード／不可　○ コース／あり
○ アラカルト／あり
○ 平均客単価／昼1100円、夜7000円

旨いものにあふれる福岡！

その日の気分で選べる
失敗しない店たち

デビ高橋

ジャンル別
オススメの
新40店

福岡で人気のうどんやラーメン、カレーなどの、
1人でも楽しめる店から、
福岡ならではの文化である屋台や
意外な隠れ家店まで、全13ジャンルでご紹介！

[掲載ジャンルについて]

- 居酒屋 …… 隠れ家、小箱の居酒屋でしっぽり一杯。旬の味と温もりあふれる空間でほろ酔い気分
- 和食 …… 福岡の粋な和食、天ぷらやそば、ウナギ。職人技が光るひと皿を堪能
- 寿司 …… 特別な日の極上寿司から気軽に通える町寿司まで、それぞれの味と魅力を楽しんで
- 焼鳥 …… 名店や強力な新店がずらり。香ばしさと旨味が広がる至高の一本を
- 鍋 …… 素材を生かした多様な鍋グルメ。心も体もほっと温まるひと時を
- 肉料理 …… 肉のプロがいる店。最高の状態で味わう旨い肉
- 洋食 …… 世界的シェフの店から隠れた名店まで、多彩なおいしさに出会える
- 中華 …… 重鎮の名店から勢いある若手の店まで、本格的な味と新たな感性が光る逸品ぞろい
- 餃子 …… 進化が止まらない福岡の餃子。博多一口餃子はもちろん、新感覚の創作餃子まで
- カレー …… 福岡はスパイスカレーの街。香り豊かでクセになる味わいのひと皿を
- ラーメン …… 豚骨だけでなく、醤油や味噌、鶏白湯まで、個性あふれる一杯が楽しめる
- うどん …… 福岡はうどん発祥の地。名物の柔らかいうどんや、進化系のうどんも登場
- 屋台 …… 福岡の屋台文化は体験必須。初心者も安心して入れる屋台をセレクト
- バー（カタログのP154〜のみ） …… オーセンティックバーから焼酎バーまで、自分好みの一杯に出会える

中央区・大名　#飲み会

赤坂こみかん

満足度100%！　若手の料理人が活躍する、進化を続ける予約のとれない人気店

ここは超人気店で、皆さんもよく知っている店だから、今さら紹介する必要もないが、この店の若手の料理人が活躍しているらしいので、ちょっとだけ紹介しておこう。まずはおさらいから。ここは、春吉の人気店『藁焼みかん』の姉妹店で、オープンは２０１８年5月22日。「食べログ 居酒屋 WEST 百名店 ２０２４」にも選ばれている。コンセプトは気軽に行ける天ぷら居酒屋で、『藁焼みかん』の2号店だから、すぐに繁盛店になった。なぜなら、オープン時は店主の末安拓郎さん（以下拓ちゃん）もいたので、みんな拓ちゃんに会いに来ていたからだろう。しかし、今では拓ちゃんのあとを継いだ若手の料理人たちが活躍していて、しっかりと店を支えている。

ここにはコース料理はなく、アラカルトだけなので、オススメの注文方法を伝授しておこう。まず、こみかん名物「コールスロー」（８００円）から始まり、できたて熱々の「呉豆腐《ごどうふ》碗」（５００円）、一番人気の刺身の盛り合わせ「造」（１人前・１８００円、２人前～）を注文し、天ぷらをいくつか堪能したあとに、こみかん名物「鴨とせりのくわ焼」（１４００円）にたどり着くという流れだ。最近は若手の料理人たちが自分でメニューも考案しているそうで、こちらもぜひ試してほしい。熱々の器で提供される「牡蠣麻婆」は牡蠣がたっぷり入っていて、そこまで辛くはないが、白ご飯が食べたくなるから、早めに土鍋ご飯を頼んでおくといいかも。モツ鍋と春巻を融合させた、ピリッと辛い「もつ鍋春巻き」（６６０円）は、細かく切ったモツ、ゴボウ、ニラ、ニンニクが入っており、くず粉でとろみをつけたもの。食べた瞬間から旨味が押し寄せてくるよ。ここはなかなか予約がとれないが、3回転目の21時30分以降は比較的空いているので狙い目だそうだ。

Shop Data

㊟ 福岡市中央区大名1-7-10 ワコウハイツ1F
📞 092-734-3090
㊖ 17：00～24：00（LO23：00）
㊡ 日曜日
㊫ 24席
㊯ 赤坂駅より徒歩6分

◯ カード／可
◯ コース／なし
◯ アラカルト／あり
◯ 平均客単価／7500円

中央区・大濠　＃旅行

Gaogao《ガオガオ》 大濠店

おしゃれな料理と雰囲気で、観光客を楽しませてくれる店が大濠エリアに出現

大濠公園のすぐそばにある、ガラスと重厚感のある木の扉の組み合わせがスタイリッシュな外観の店が『Ｇａｏｇａｏ大濠店』だ。ここは土鍋ご飯が名物の、今泉にある人気店『Ｇａｏｇａｏ』の2号店で、海外の人にも土鍋ご飯のよさを知ってもらうために出店したのだそう。だから店内は外国の人にウケるような和モダンのデザインが随所に施されている。

昼のメニューは、４種類の花籠御膳が中心で、どの花籠御膳にも白米の土鍋ご飯が付いているが、プラス料金で具材の入った土鍋ご飯も選ぶことができる。「12種の彩り花籠御膳」（２４２０円）は、その名のとおり彩りが鮮やかで、海苔を巻いて食べるちょうちんをはじめ、ちょこちょこいろいろなものが食べられるのでテンションが上がるに違いない。昼飲みもできるから、観光客だけでなく大濠公園の周辺に住んでいるマダムにも人気のようだ。

夜は天ぷら居酒屋になるので、昼とは違った楽しみ方ができるのだ。天ぷらは、野菜が6種類、魚が5種類、肉が4種類のなかから好きなものを注文できるのはうれしい。やはり天ぷらといえば「海老」（３５２円）は外せない。サクッと揚げられた天ぷらは、軽くていくらでも食べられそうだ。また、九州ならではの「明太子」（６６０円）は味が濃くて酒が進む一品。締めの土鍋ご飯のメニューは9種類ある。「白米」（５５０円）でご飯本来のおいしさを味わうのもいいし、「フォアグラの土鍋ご飯」（１９８０円）のように贅沢な土鍋ご飯を楽しむのもいい。2杯目からはダシをかけてお茶漬けのように食べられるので、最後まで飽きることがないよ。

食べきれなくて残ったご飯はおにぎりにしてくれるサービスもうれしいね。天ぷらや土鍋ご飯に、１２０分の飲み放題が付いた５５００円のコースもある。

Shop Data

㊟福岡市中央区大濠1-7-2
チューリッヒ大濠103
✆092-734-1022
㊇11:00〜16:00(LO14:30)、
17:00〜21:00(LO20:00)
㊡不定休

(席)30席
(交)六本松駅より徒歩11分
◯カード／可
◯コース／あり
◯アラカルト／あり
◯平均客単価／昼3000円、夜4000円

中央区・警固　#デート

警固ふるや

『鶏と肴 フルヤ』の2号店は大人の雰囲気。素材を生かした海鮮と焼鳥で酒を楽しむ

ここは平尾にある大人気焼鳥店『鶏と肴 フルヤ』の2号店。築50年ほどの建物をリノベーションした店内はカウンター10席だけで、１号店よりもぐっと大人の雰囲気だ。メニューは１１０００円のおまかせコースのみで、焼鳥と海鮮をメインにした小皿料理が13、14品ほど提供される。鶏は1号店で使っている「高坂鶏」ではなく、「久留米さざなみどり」や「はかた地どり」を使用している。

オーナーの古里優介さんの、福岡の鶏を使いたいという思いでセレクトした「久留米さざなみどり」は、脂少なめで、さっぱりしているのが特徴だ。この鶏ガラで2日間かけて仕上げるスープの醤油ラーメンは人気で、しっかりした味わい。麺は『製麺屋慶史』のもので、ちゅるっとした中細麺だ。焼鳥のせせり、砂ズリ、つくねは「はかた地どり」で、砂ズリはでかくて食べ応えがあるよ。

古里さんの地元の対馬から直送された「アコヤガイ」の串の凝縮した旨味にはやられてしまった。タイラギの貝殻に見立てた皿で提供された刺し盛りには、シロナガスクジラの刺身も入っていた。シロナガスクジラは初めて食べたが、見た目は牛肉のようで、食べるととろっとしたまぐろのようだった。いやぁ、これらの料理にはやっぱり日本酒が合うね。ここには日本酒は20種類、焼酎は20種類となかなか種類があるが、日本酒と焼酎のセレクトは、イギリス発足の権威ある称号「マスター・オブ・ワイン」を日本でただ1人保有する、大橋健一さんによるものらしい。

また2階は２００～３００本ほどあるワインセラーになっていて、自分でワインを選ぶのも楽しいかも。ボトルの裏側には値段が書いてあるので安心だ。

あっ、昼に予約したらアラカルトで焼鳥が食べられることは、秘密だから誰にも話したらいいかんよ。

Shop Data

㊟福岡市中央区警固2-9-14
📞080-4311-1114
㊖13:00～16:30、
18:00～※昼、夜とも要予約
㊡不定休
㊢10席

㊫赤坂駅より徒歩12分
○カード／可
○コース／あり
○アラカルト／あり（昼のみ）
○平均客単価／昼5000円、
夜13000円

博多区・中洲　　#飲み会

博多魚房 海《み》さじ
(旧：すし酒場さじ)

中洲のジョニーベップ？　オモロい大将がいる、「一口スプーン寿司」が名物の店

2025年4月、自分のことを「世界のジョニーデップ」ではなく「中洲のジョニーベップ」と呼んでほしいという、オモロい大将がいる店が中洲にオープンする。ここ『博多魚房　海さじ』は、大名にあった『すし酒場さじ』が移転し、店名も変えてリスタートする店なのだ。名物の「一口スプーン寿司」は健在で、メニューに大きな変更はないようだが、大きな生け簀が3つあり、席数も『すし酒場さじ』の倍くらいになるようだ。この原稿を書いている時（25年2月時点）はまだオープンしていないので、『すし酒場さじ』を紹介しておこう。

『すし酒場さじ』は、木製スプーンの上に豪華なネタがのった「一口スプーン寿司」が名物の店。一口といってもスプーンが見えないほど大きなネタがのっているので、満足度は抜群。ネタは17種類ほどあり、値段は250～850円で、それぞれにウニやイクラをプラス100円でのせることもできるのだ。この「一口スプーン寿司」は、見映えもいいことからInstagramなどのSNSですぐに話題となった。このアイデアを思いついた大将の上別府《かみべっぷ》将輝《まさき》さんは、2021年3月に、創作寿司と小料理が食べられる『すし酒場さじ』をオープンした。上別府さんが自ら釣ってきた魚も入った「お刺身盛り合わせ」（1人前1400円）がお得だし、店長のひろみさんオススメの、ズワイガニとイクラがたっぷり入った「ズワイガニとイクラの土鍋ご飯」（3400円）は贅沢で食べ応え十分だ。上別府さんは、意外と若いにやり手で、2024年4月には、カウンター8席で屋台感覚が楽しめる炉端焼きの店『ろばた家すみす』をオープンしたり、11月には『女将と狼』というスナックをオープンしたりと勢いが止まらない。彼はとにかくノリノリで楽しいことが好きなのだ。

Shop Data

㊟福岡市博多区中洲2-7-21
中洲ジオテラスビル1F B号室
📞070-4125-9869
㊢17：00～翌4：00（LO翌3：45）
㊡日曜日
㊛50席

㊮櫛田神社前駅より徒歩5分
○カード／可
○コース／あり
○アラカルト／あり
○平均客単価／5500円

博多区・中洲　#デート

ソライロ。

中洲の暗くて怪しい路地の奥にある、6席だけの小さなおでん屋さんが好きなんよ

この本には、どうも路地裏の店とか隠れ家的な店が多い気がする。今回も隠れ家的な店で、中洲の暗くて怪しい路地の奥にあるので、初めての人はちょっとドキドキするに違いない。ここ『ソライロ。』は、中洲にある『炭火焼鳥焼串てっぺん』や『肉炉端マウンテン』の系列店で、2021年3月にオープンしたおでんの店だ。席数はたった6席とコンパクトだから落ち着く。2軒目、3軒目の利用が多いそうだが、席数が少ないので電話で予約をせんと入れんよ。

酒は「OSUZU GIN」(880円)など6種類のクラフトジンや「厚岸《あっけし》ブレンデッドウイスキー 穀雨《こくう》」(1980円)、「シングルモルト嘉之助」(1430円)などの数種類の国産ウイスキーも置いているので、国産の酒が好きな人にはたまらんね。カツオダシが効いたおでんは「手作りつくね」や「豚なんこつ」「朝引とりもも」など肉系のものがオススメ。系列店が肉系なので納得のおいしさだ。おでんのメニューに値段が書いてないのは、仕入れ価格や大きさによって値段が変わるためらしい。ものにもよるが、だいたい250〜800円くらいとのことだから安心して食べられるよ。おでんにつけて食べるニラ味噌が、実はお気に入り。これはニンニクが効いていて旨辛なので、これだけで酒が進むよ。

オーナーの森 大樹さんにおでん屋さんをしようと思った理由を聞いたところ、中洲という土地柄だから女性客をターゲットにしたものを考えていたので、カロリーの低いおでんはぴったりだと思ったからだそう。おでんは夏場に売り上げが落ち込む可能性があるが、ここは席数が少ないので夏場でもいけると思ったらしい。

最後に、ここの料理はおでんしかないが、実はお願いしたら系列店から焼鳥や一品料理を持ってきてもらえるのは秘密の裏技だ。

Shop Data

(住) 福岡市博多区中洲2-1-15
☎ 080-7836-1943
(営) 19：00〜翌3：00（LO翌2：00）
(休) 不定休
(席) 6席
(交) 櫛田神社前駅より徒歩3分

○カード／可
○コース／なし
○アラカルト／あり
○平均客単価／4000円

中央区・大名　#飲み会

寺田屋 本店

隠れ家的な雰囲気の大人な酒場で、日本酒とおばんざいやおでんを楽しんで

大名という若者の街の一角に、この大人の酒場はある。細い路地の一番奥にあり、隠れ家的な雰囲気だから期待値が上がること間違いなし。店の入口が、まるで茶室の入口のように低くて、かがまないと入れないので、頭を打たないように注意せんといかんよ。あまり知られていない穴場かと思いきや、２０１４年、２０１９年と「ミシュランガイド」でビブグルマンとして掲載されていた。店名は、坂本龍馬襲撃で有名な京都伏見の寺田屋からとったものらしい。

まずは、店内のカウンターに並ぶ、10種類くらいある季節のおばんざいをつまみながら、店主の小田将義さんに料理のオススメを聞くといいよ。小田さんは一見、強面で恐そうだが、実は話好きなのでいろいろ丁寧に教えてくれるはず。また、小田さんは大の日本酒好きで、常備している日本酒の種類は20種類くらいあり、料理も日本酒に合うような味付けになっている。特に20種類ほどあるおでんは、牛テールとアゴ、サバ、カツオなど節系のダシでしっかりした味付けだから、熱燗との相性は抜群だ。県外の人には、「ごまさば」（１４３０円）や「がめ煮」などの郷土料理が人気。「ごまさば」は、ダシと醤油、ゴマと煎りゴマをその場であえたもので、サラサラしている。ゴマペーストを使っていないのは珍しいが、小田さんいわく、昔ながらのものらしい。

２階には個室が２つあり、それぞれ５人と10人入れるので、少人数での飲み会も可能。その時は「おまかせコース」（４９５０円〜）に飲み放題２時間（１９８０円）を付ければ、金額が確定するので幹事も楽ちんだ。「おまかせコース」を人気の「鯖・ぶりしゃぶ鍋コース」（６３８０円）に変更することもできる。そうそう、ここは喫煙ＯＫ。最近はタバコを吸える店は希少だから、喫煙者にはありがたいだろうね。

Shop Data

(住)福岡市中央区大名1-11-29
山本アパート1F 6号室
TEL 092-761-4554
(営)18:00～24:00(LO23:00)
(休)日曜日
(席)23席

(交)赤坂駅より徒歩7分
○カード／可
○コース／あり
○アラカルト／あり
○平均客単価／6000～8000円

中央区・大名　　#お一人様

りんず

昼はランチ営業、ランチのあとは昼飲み、夜は会員制バーの3つの顔をもつ路地裏の店

大名の細い路地裏にあるこの店は、隠れ家に行くようなアプローチなので、初めての人はきっとワクワクするに違いない。しかし表札に「会員制」の文字が書かれているので、ちょっと立ち止まって「え？大丈夫かな？」と思うだろう。ここは昼は定食のランチ営業、ランチのあとは昼飲み、夜は会員制バーの3つの顔をもつ店。ランチと昼飲みは、会員じゃなくても入店できるので安心してほしい。

愛美さんが担当している11時30分からのランチ営業は「海老フライ定食」が名物で、エビフライ4尾と日替り小鉢2品、ご飯、味噌汁が付いて1200円とお得。エビフライ好きの人には1尾（200円）追加して5尾くらい食べてもらいたい。きっと大満足するはずだ。サーモントラウトを使った「サーモン丼」（1200円）は、口に入れるととろける感覚がたまらない。刺身、炙り、漬けの3種類を味わうことができるのだ。

14時からの昼飲みは、お一人様大歓迎だ。1000円でおでん2種と飲み物2杯が付いた「せんべろ」がお得で、1500円でおでん2種と飲み物3杯がついたセットもある。これだけでも気持ちよく酔っ払えちゃうよ。5人以上なら予約をすれば庭が見える個室も使えるので、ちょっとした集まりにも利用できそうだ。昼から飲める個室を知っておくと重宝するよ。

20時からのバー営業は中村 綾さんが担当している。綾さんは中洲でクラブを経営していたが、コロナ禍で閉店。2023年10月に『りんず』をオープンした。夜は会員制だが、初めての人はランチか昼飲みの時に声をかけてもらえれば、入ることができるという仕組みだ。料金は90分飲み放題付きで6600円と、こちらもリーズナブル。ぜひともすべての時間帯を制覇してもらいたい。

Shop Data

(住) 福岡市中央区大名1-4-29
グローバルウィンビル1F
☎ 092-753-7008
(営) ランチ11:30～14:00(LO13:30)、
昼飲み14:00～18:00(LO17:30)、
会員制バー20:00～24:00

(休) 土曜日、日曜日、祝日
(席) 31席
(交) 赤坂駅より徒歩8分
○ 平均客単価／昼1300円、
昼飲み1000円、
会員制バー7000円

中央区・警固　#会食

うなぎのなか尾

築100年を超える古民家の雰囲気で、ゆっくりとうなぎと一品料理を味わう

警固の路地裏に、築１００年を超す古民家で営業しているうなぎ料理店がある。『うなぎのなか尾』は、２０２３年７月にオープンした新しい店だが、古い建物になじんでずっと前から営業しているような雰囲気を醸し出している。ここは昼でも一品料理のメニューが50品ほどあるので、昼飲みにも最適だ。うなぎを食べる前に、酒とアテでちょい飲みするのがオススメ。アテのきなこ豚を使った「自家製豚ハム」（８８０円）は、しっとり柔らか。１日寝かせた「自家製 鮭の塩辛」（８８０円）は、塩気がなじんでまったりしている。「じゃこ薬味やっこ」（６６０円）は薬味がたっぷり。お待ちかねの「うな重 特上」（４９５０円）は、パリッと焼かれた皮と、ふわっとした肉厚のうなぎが期待を裏切らない旨さ。福岡に来たなら郷土料理の「鰻せいろ蒸し 特上」（３９６０円）もぜひ。ふわっと蒸されたうなぎと、その香りをまとったご飯がたまらない。こぎれいに改装された個室が３部屋、２階には24人ほど入れる宴会場もあるので、ママ友会も開催されるなど使い勝手もよさそうだ。

実は、夜営業の17時からは暖簾が変わって『炭焼酒場なか尾』という居酒屋に変貌するのだ。「うなぎ土鍋コース」（７７００円）のほか、「鶏すき鍋コース」（４９５０円）などもあり、うなぎ料理店を居酒屋使いできるのは新しい。

ここは、『西中洲 なか尾』の系列店だが、ほかにうなぎ料理店はない。どうしてうなぎ料理店を出店することになったのか聞いたところ、38年前に天神で『うなぎのぼり』という店をしていたことがあるのだそうだ。そこはうなぎ料理店から居酒屋に業態変更したので、結局半年くらいしかうなぎ料理をやらなかったらしい。いつかまたやりたいと漠然と思っていたら、この建物に出会って、ビビッときたそうだ。

Shop Data

㊟福岡市中央区警固1-3-17
📞092-753-7524
㊢11：30～14：30（LO14：00）、
17：00～22：00（LO21：30）
㊡水曜日
㊫80席
㊯薬院大通駅より徒歩5分
○カード／可
○コース／あり
○アラカルト／あり
○平均客単価／昼4000円、
夜6000～7000円

中央区・赤坂　#デート

お料理うち山

個性的な店主のいる店が、
コースをやめてアラカルト主体に変わっとった

『お料理うち山』は、２０２１年１月オープンの和食店で、「食べログ 居酒屋ＷＥＳＴ 百名店 ２０２４」にも選出されている。店内に入ると６ｍくらいはありそうな、樹齢４００年のベイマツを使った一枚板のカウンターが目に飛び込んでくる。一番奥のカウンター席はコの字になっているので、テーブル席のような感覚で利用できるのはいいね。

２０２４年９月からは、コース料理からアラカルト主体の店に変わったようだ。店主の内山広章さんが言うには、コース料理はいろいろ制限があるので、自分が作りたい料理ができるようにアラカルトにしたらしい。コース料理の時は県外の人が多かったが、アラカルトに変えたら気軽に来店しやすくなり、地元の人が増えたとのこと。ある有名焼肉店の店主は「コースからアラカルトに変えたおかしな奴がいるって聞いて見に来た」と言って、頻繁に来てくれるようになったそうだ。

ここはメニューに値段が書いていないが、良心的な価格設定だからドキドキしなくても大丈夫。まずは、「前菜三種盛り」（１５４０円〜）と日本酒でチビチビやってほしい。日本酒は25種類ほどあるので、内山さんにオススメを聞くとよい。名物の「クミンメンチカツ」（１個５５０円）は、黒豚と和牛の合挽きで肉汁がすごい。クミンとカルダモンの香りが鼻に抜けていくよ。「和牛すじと聖護院かぶの小鍋」（１９８０円〜）には、肩ロース、モモ、スネなどいろいろな部位が入っていて、肉の脂もダシも旨い。残ったスープで雑炊にできるのはたまらんね。「真鯛と生姜の土鍋ごはん」（２７５０円〜）は、鯛の身がしっとりしていて、生姜と三つ葉のアクセントが効いている。最後に鯛ダシでお茶漬けにできるのはうれしい。

とにかくここは店主がオモロイので、毒舌トークにハマって意気投合すると、きっと朝まで付き合ってくれるよ。

Shop Data

(住)福岡市中央区赤坂1-1-17
☎080-1540-0118
(営)18：00～24：00(最終入店23：00)
(休)日曜日、不定休
(席)11席
(交)赤坂駅より徒歩5分

○カード／可
○コース／あり
○アラカルト／あり
○平均客単価／12000円

中央区・高砂　#記念日

五右エ門

優しい大将と明るい女将のかけ合いをアテに、旬の食材の料理を堪能する

ここは旬の食材を使った料理を、ちょこちょこ楽しめる〝大人の呑場〟で、12、13品の「おまかせコース」（12100円）を昼でも夜でも食べることができる。カウンター席しかないので、2、3人で行くのがオススメだ。

店主の田中崇一朗さんは、高校卒業後にそのまま父親が経営していた居酒屋『五右エ門』で働くことに。糸島にあったその店は、焼鳥やパスタなど何でもあるような大衆居酒屋だった。20歳の時に経営を引き継いだが、地元で有名な焼鳥店の店主から、福岡市内への出店をすすめられたのがきっかけで、2017年に高砂にこの店をオープンした。当初は炉端焼きの店としてスタートしたが、周りの飲食店の多さに苦労したそうだ。コロナ禍の時に、思い切ってライブ感のあるコの字カウンターに改装して、和食の店へシフトチェンジしたのが正解だったようだ。一緒に働いている女将の千寿《ちず》さんは、糸島の店の時から働いてくれている相棒。料理の提供も冗談も、あまりにも呼吸がぴったりなので、毎日のようにお客から夫婦ですかと聞かれるそうだが、違うらしい（笑）。

コースは1か月ごとに内容が変更されるが、女将が作る3度揚げした「メンチカツ」はここの定番。具材は豚とタマネギだけのシンプルなもので、塩とレモンでさっぱりと食べられる。「ふぐのあん肝ソース」は、濃厚でまろやかなあん肝ソースが、淡泊なフグとぴったりだ。「サバの棒寿司」は、韓国の済州島で捕れた身が分厚いサバを黒々としてツヤがあるパリッとした成清の海苔と一緒に食べるとたまらない。「大阪の富田林の海老芋」は、京都の白味噌で仕上げられており、品のいい味となっている。

ここに行くと、よく飲食店の人に会う気がするなぁ。同業者が通う店は間違いないね。

Shop Data

㊟ 福岡市中央区高砂2-24-20
📞 092-406-8008
㊖ 12:00～(前日までに要予約)、
16:00～(最終入店20:00)
※昼、夜とも要予約
㊡ 不定休

(席) 10席
(交) 薬院駅より徒歩10分
○ カード／可
○ コース／あり
○ アラカルト／なし
○ 平均客単価／15000円

中央区・梅光園　#会食

蕎麦切り かんべえ

コース料理の構成に自信あり。
そばを粋に手繰ってほしいと切望する店主がいる店

　ここは最近開発が進んだ六本松エリアにあり、「食べログ そば WEST 百名店２０２４」にも選出されているそば店だ。カウンター8席のコンパクトな店で、そばのコース料理がオススメなので2、3人の落ち着いた会食にぴったり。店主の佐々木次郎さんはこだわりの強い人で、そばの知識も豊富だから、いろいろ聞きながら食べるとよりおいしく感じられるに違いない。ここでは、醤油はうま味調味料を使っていない糸島の「北伊醤油」のものを使っており、キリッとした関東風の汁（つゆ）が楽しめるよ。次郎さんは毎日そばを食べており、自分が食べたいと思うそばを打っているそうだ。だから香りが強いそばは毎日食べると飽きてしまうため、香りよりも甘味を重視して、十割は群馬県、二八は福井県のそば粉を使っているとのこと。ここでは、江戸のそばのように甘味と喉越しを楽しんでもらいたいらしい。

　次郎さんはそばの食べ方にもこだわりがあり、そばは粋の文化だから、カッコつけて食べてほしいのだとか。そば自体に味があるので、汁に浸して食べるのではなく、下の方をちょっとだけつけて食べるのが粋なのだとか。薬味はあとから口に放り込むらしい。私の場合、ワサビはそばの上にのせていたが、あれは食べにくいんだよね。今度から真似してみよう。

　そばに合わせる日本酒は、冷やは5種類くらい、冷酒は8種類くらいある。コース料理の「蕎麦懐石」（６６００円）は10品のコースで、更科、十割、季節のかわりそば、二八、花まきと5種類のそばを食べることができるので楽しい。ほかには6品の「盃膳《さかずきぜん》」（４４００円）や店主のひらめきと遊び心が満載の「おまかせコース」（７７００円〜）がある。「蕎麦懐石」や「おまかせコース」なら5人から貸切りできる。

Shop Data

㊟福岡市中央区梅光園1-1-1
✆092-732-3569
㊖11:30〜14:00、17:30〜21:00(LO20:00)
※夜のアラカルトは要確認
㊡日曜日、第3月曜日
㊫8席

㊇六本松駅より徒歩6分
○カード／可
○コース／あり
○アラカルト／あり
○平均客単価／昼2000円、
夜7000〜8000円

中央区・大名

＃会食

台所 ようは

食空間演出家が手がける「おばん菜」は、「毎日食べたくなるごはん」なのだ

大名の路地裏にある築50年の古民家を改装した店内は懐かしい雰囲気だから、まるで祖父母の家でご飯を食べているような錯覚に陥るかもしれない。それもそのはず、ここは「食空間演出家」の大塚瞳さんの店なのだ。大塚さんは、小さいころに海外に住んでいたり、大学在学中に起業したり、卒業後は自分の好きな国に住んでみたりと、とにかく好奇心旺盛で行動力が半端ない。料理上手でおもてなしを大切にする祖母や母の影響から、食べることも大好きで、農家を４０００軒も見学に行ってみるなど、食材についての探求心もすごいのだ。「食空間演出家」として、さまざまな食のイベントを仕切ってきた大塚さんだが、今までは店舗をもつことはなかった。ここ『台所 ようは』が初めての店舗だというから期待度もＭＡＸになるね。

『台所 ようは』のテーマは「毎日食べたくなるごはん」で、大塚さんの人生の経験値と４０００軒の農家のデータから導き出された「おばん菜」は、一見すると家庭料理のように親しみやすいが、家庭ではできない手間をかけたものなのだ。その日に採れた野菜を使った「おばん菜３点盛り」（１５００円）は日替りで、テイクアウトもできるのはありがたい。

鍋は「薬膳とりの部位全部入り、きのこたくさん鍋」（１人前５８００円）が人気だが、冬なら台湾料理の「獅子頭肉団子と発酵白菜鍋」（１人前７０００円）が断然オススメらしい。おまかせコースは６８００円、８５００円、１３８００円の３種類あり、どのコースも鍋の種類が選べる。

ランチはおいしいお米と小鉢が付いたトンカツを提供している。糸島豚を使った「厚切りロースとんかつ（極厚３００ｇ）」（２５００円）は、肉々しくて脂は甘く、思ったよりもさっぱりと食べられるよ。

Shop Data

(住)福岡市中央区大名1-4-28
☎092-739-9105
(営)12:00～22:00(LO21:30)
(休)月曜日、不定休
(席)35席
(交)赤坂駅より徒歩8分

○カード／可
○コース／あり
○アラカルト／あり
○平均客単価／昼2000円、
夜8000円

博多区・博多駅南　#記念日

油HITOTSUKI

食材によって衣の状態や油の温度、揚げる時間を変える、手間を惜しまない天ぷら店

店主の仲谷浩明《なかたにひろあき》さんは、天ぷらがどうしたら旨くなるのか、いつもそのことばかり考えてしまうという。彼は20歳の時に、天ぷらの老舗『銀座天一』に就職した。いろいろな都道府県に転勤し、『銀座天一福岡岩田屋店』の店長として赴任したのが2011年。福岡には自分が表現したい、香りの強い野菜があったので、独立を決意し、22年間勤めた『銀座天一』を退職して2019年5月にこの店をオープンした。料理はたいてい修業先のものに似るのだが、ここの天ぷらは、『銀座天一』のものとは全く違っていた。ポイントは衣の泡らしい。衣を泡立てて空気を含ませることによって、泡の間から食材の水分を抜けやすくして、旨味を閉じ込めるのだとか。また、根菜類については泡立てた衣は使わず、長時間じっくり揚げるなど、食材によって衣を変えているのだ。また油の温度も追い油をすることで急激に下げ、食材の水分量を調整しているとのこと。

例えば「島原のしいたけ」は泡アリの衣で高温で揚げているから、外側はさくっとした食感で、シイタケ自体はふわっと仕上がっている。「甘鯛」は泡アリの衣で高温の時に入れて油を足し、温度を一気に下げてじっくり揚げるので、鱗がパリパリ、身はしっとりしている。「穴子」も同様の方法で、外はサクサク感があり、身はしっとりしているのだ。このように食材によって衣の状態や油の温度、揚げる時間を変えているから、どうしてもコースの時間が3時間くらいかかってしまうのだとか。

メニューは、16500円のおまかせコースのみで、品数はだいたい17品くらい。梅雨明けからはジビエの鹿や猪の天ぷらが、11月からは香箱ガニを殻ごと揚げた天ぷらが登場するらしい。

最後に、普段写真では笑うことがない仲谷さんが笑ってくれてよかった。

Shop Data

㊟福岡市博多区博多駅南4-12-30 1F
📞092-409-5001
㊢17:30〜(最終入店19:30)
㊡不定休
㊫8席
㊯博多駅より徒歩17分

○カード／可
○コース／あり
○アラカルト／なし
○平均客単価／20000円

中央区・笹丘　#記念日

小柳寿司

家族経営のホッとする雰囲気の中で、常に進化し続ける寿司を堪能してほしい

福岡の中心部から少し離れた場所にある『小柳寿司』。ここは創業して90年近くになる寿司店だが、1979年に現在の店主の竹内進悟さんの父親が先代から引き継いだ。当時はBGMに演歌がかかるような町寿司だったそうだ。息子の竹内さんは、和食店や寿司店を経験したのち、2008年に『小柳寿司』に入った。ちょうど29歳の時だったという。それから5、6年ほどで父親から引き継ぎ、現在は母親で大女将のさちこさんと、若女将の和美さんの親子3人で協力し合いながら営んでいる。皆さんの性格が明るいので、店も雰囲気がいいね。

数年前から食材や酢飯、料理の技法を徐々に進化させて、高級寿司路線へシフトチェンジした。ここは食材によって数種類の柑橘を使い分けているのが特徴で、橙や柚子、カボス、スダチなど5種類くらいを使っているようだ。例えば、ダイダイはオコゼやフグに、カボスは白身魚にといった具合である。

店内にある生け簀にはエビ、赤貝、ミル貝など15～20種類の食材が入っており、新鮮なネタを食べられるのがうれしい。車エビの握りは、生け簀の新鮮な車エビを茹でたあと、エビの殻のダシに漬け込んでいるので旨味が増ししっとりしている。カイワレの握りには土耕栽培のものを使っており、一般的な水耕栽培のものと比べるとコクがあるね。8月くらいから登場するマツタケの握りは、包丁で切るのではなく手で裂くのがポイントで、酢飯との一体感がすごい。驚いたのはワサビだ。沢ワサビの実生《みしょう》のアオの5年物を使っており、大きくて香りが素晴らしい。汁物には高価な鴨頭ネギを惜しみなく使っているというのも贅沢すぎる。

今はコースのみの提供で、値段は昼は8800円～、夜は22000円～となっている。また竹内さん家族の笑顔を見に行きたいなぁ。

Shop Data

㊟福岡市中央区笹丘1-36-18
092-741-3852
㊢12:00〜14:00、18:00〜20:00
㊡水曜日
㊫14席
㊯六本松駅より徒歩18分

○カード／可
○コース／あり
○アラカルト／なし
○平均客単価／昼10000円、
夜25000円

南区・平和　#会食

ニシムラ鮨TAKA

常に進化を続けるミシュランシェフの新しい挑戦は〝握らない鮨〟

シェフ「西村貴仁」の進化が止まらない。『Nishimura Takahito La cuisine créativité』が「ミシュランガイド福岡・佐賀・長崎２０１９特別版」のフュージョン部門で一つ星を獲得し、２０２０年4月には『ニシムラ麺』という創作ラーメンのジャンルにも進出、２０２４年8月1日には寿司の世界を表現した『ニシムラ鮨Ｔｏｋｉ』（現：ニシムラ鮨ＴＡＫＡ）をオープンした。店名はシェフの名前「貴仁」からとったもので、親からもらった名前を大切にし、思いやりと尊重を忘れず、意識の高い店作りをしたいという思いから名付けられている。

西村シェフは昔から寿司が大好きで、いろいろな寿司を食べ歩いていた。ある時、日本の伝統的な寿司の「ばら寿司」にインスピレーションを受けて、自身が得意とするジャンルレスな調理方法と食材を融合させた「ニシムラ鮨」の構想を思いついたそうだ。

「ニシムラ鮨」は、一貫ごとに温度にこだわり、味が多彩で見た目も美しい〝握らない鮨〟なのだ。ブラッドオレンジビネガーを使った酢飯には驚いたが、西村シェフらしさが出ているね。アラカルトはなく「ニシムラ鮨おまかせコース」（１５６００円）だけの提供で、内容はだいたい18品くらい。フレンチをベースにした一品料理と「ニシムラ鮨」で構成されている。また、古民家を改装した店は上品で落ち着いた雰囲気なので、接待での会食やデート、記念日に最適だ。

余談だが西村シェフは、とにかくせっかちで食べるのが速い。料理人はみんなそうだと彼は言うが、私の知り合いのなかでも飛び抜けて速い方だと思う。しかし、いろいろなアイデアを実現するにはせっかちな性格の方がいいのかもしれない。海外への出店などで忙しそうにしているが、次は何に挑戦するのか楽しみだ。

Shop Data

㊟福岡市南区平和2-5-29
✆090-4576-6611
㊖18:30～※一斉スタート
㊡水曜日
㊫12席※8人～貸切り可
㊯西鉄平尾駅より徒歩10分

◯カード／可
◯コース／あり
◯アラカルト／なし
◯平均客単価／18000～25000円

中央区・薬院　#会食

焼鳥まこ

黒さつま鶏のポテンシャルを最大限に引き出した濃厚でジューシーな焼鳥を楽しむ

ここは鹿児島県の「黒さつま鶏」をメインに、朝倉の「古処鶏《こしょどり》」や若鶏を使い分けているのが特徴の焼鳥店だ。場所は薬院2丁目にあるビルの2階で、入口に展示されている大きなバカラの招き猫が迎えてくれるよ。店内は、カウンター席10席と半個室のテーブル席が4席で、コンパクトながら清潔感があるね。

焼き手の福田剛人《ふくだたかひと》さんは、笑顔が爽やかなイケメンで、まだ若いが焼鳥の焼き手歴8年のベテランだ。もともとはお客として来ていたが、スカウトされて2023年から働き始め、2024年1月からメインの焼き手になった。メニューは「おまかせコース」(7700円)と締めの食事だけというシンプルな内容で、品数は一品料理が5品と串が9本くらい。2週間ほど熟成された「黒さつま鶏」の「ふりそで(肩肉)」は皮はパリッと焼かれていて、肉はぷりっとジューシー。「エンガワ」は、ぷりぷりでサクサク。「うずら」はかなりレアでとろとろだから、噛んだら絶対に口を開けたらいかんよ。レバーパテ最中はパテの中にクルミ、イチジクが入っていて食感が楽しい。締めは別料金で「焼きおにぎり」(450円)、「そぼろ丼」(600円)、「中華そば」(770円)の3種類がある。ファンが多い「焼きおにぎり」は、絶妙なバランスで上にのっている卵黄を割って、絡めながら食べると幸せすぎる。私のオススメは「中華そば」かな。「黒さつま鶏」の鶏油を加えたスープがキリッとしており、麺はサクサクしているよ。麺は熊本の『富貴製麺』にお願いしているとのこと。締めをどれにするか迷った時は、全部頼んでもOK。

21時以降は、席料が880円で、1本380円~という料金体系になるようだ。まずは食べる本数を決めて、焼鳥の種類は店におまかせというシステムになっている。

Shop Data

㊟福岡市中央区薬院2-14-18
YAKUIN KZライフビル 2F
✆092-214-7053
㊫17:00〜24:00
㊡火曜日、不定休
㊢14席

Ⓧ薬院大通駅より徒歩4分
○カード／可
○コース／あり
○アラカルト／なし
○平均客単価／10000円

早良区・西新　#飲み会

鶏屋《とりや》 香車《きょうしゃ》

**炭火で焼いている時に上がる炎がインパクト大！
期待感を増幅させるよ**

西新商店街に、宮崎の郷土料理「地鶏もも焼き」を提供する店がある。店主の田口健太さんは宮崎出身で、宮崎に本店がある『焼鳥丸万《まるまん》』の暖簾分け店である『元祖焼鳥丸万 高宮』に16年ほど勤めた人だ。『焼鳥丸万』の西新店を立ち上げたあとにそこを引き継ぎ、２０２０年12月に自身の店『鶏屋 香車』をオープンした。一番人気の「地鶏もも焼き」（１４８５円）は、炭火で焼かれている時に鶏の脂で大きな炎が上がるので、思わず動画を撮影したくなってしまうよ。これに使われているのは親鶏でブロイラーと比べて飼育日数が約７５０日と長いため、肉質はしっかりして歯応えがある。噛めば噛むほど出てくる濃厚な脂の旨味は、若鶏にはない親鶏特有のおいしさだ。「地鶏もも焼き」の前に、「鶏刺し3種盛り」（１３２０円）や「鶏の白レバ刺し」（７７０円）は必食やね。新鮮な砂ズリやハツ、ササミもたまらない。

田口さんはかなり研究熱心な人で、2年ほど前からランチで提供を始めたラーメンが、専門店に負けないレベルになっている。ラーメンのレパートリーは全部で12種類ほどあるが、現在は常時2、3種類のラーメンをローテーションで出しているようだ。「貝出汁 鶏白湯ラーメン」（１１００円）の鶏ガラとカキ、帆立、アサリ、ムール貝などの貝類でダシをとったスープは、まるでポタージュスープのように濃厚で、貝類の旨味を感じる逸品だ。少しもちっとしたストレート細麺にスープがよく絡むよ。トッピングのチャーシューは、低温調理された柔らかい鶏ムネ肉と豚肉の2種類で、メンマは1週間かけて処理したもの。その日に提供されるラーメンの種類は、店舗のＩｎｓｔａｇｒａｍのアカウントで告知されている。どうやら「暴尾異《ボオイ》ラーメン」という、テールスープラーメンが一番人気のようだ。しかしすごい名前やな。

Shop Data

㊟ 福岡市早良区西新4-7-17 西新ビル1F
☎ 092-231-2775
㊢ 18:00〜22:00(LO21:30)、ラーメンランチ
火曜日〜土曜日11:30〜14:00(最終入店)
㊡ 日曜日
(席) 18席

(交) 西新駅より徒歩2分
○ カード／可
○ コース／なし
○ アラカルト／あり
○ 平均客単価／昼1100円、夜3500円

中央区・春吉　#子連れOK

博多水炊き 鳥千代

修業先の〝DNA〟を忠実に受け継ぎながら、鳥ひと筋で長く愛される店を目指す

店主の上田悠一郎さんは、「ミシュランガイド福岡・佐賀・長崎2019」でビブグルマンを獲得した『博多水炊き専門 橙』で6年、同じくビブグルマンを獲得した系列の焼鳥店『焼とり鳥次』で3年働いたのち、2022年11月に自身の店『博多水炊き 鳥千代』をオープンした。店名の『鳥千代』は、鳥ひと筋で長く愛される店にしたいという思いから付けたのだという。

ここは、『博多水炊き専門 橙』の流れを忠実に受け継ぐスタイルで、透き通った黄金色のスープが特徴だ。水炊き作りは、朝引きの丸鶏をさばくところからスタートする。ぶつ切り肉に使うモモ肉、スネ肉、唐揚げ用のムネ肉、手羽などに分けていき、最後に残った鶏ガラでスープをとっているとのこと。4～5時間、沸騰させないようにスープを炊くことで、透き通った黄金色のスープに仕上がるのだ。そのほかの部位はつくねに使用しており、粗挽きにすることで、肉々しい食感を楽しむことができるのだとか。ポン酢も『橙』のレシピを忠実に守っており、ベースとなるのは柑橘のダイダイだ。メニューは、「水炊き（ぶつ切り肉、つくね、野菜）」（3500円）と唐揚げ、締めの雑炊と素麺のみとシンプル。水炊きはスープの味が変化するのを楽しんでほしい。最初はあっさりした味で、つくねを入れることでコクが出て、最後に野菜を入れることで甘味が増してくるのだ。締めはやっぱり雑炊と素麺の両方を食べんといかんよ。素麺は、鶏白湯ラーメンのような感じで、途中で自家製のニラ醤油で味変すると、パンチがあってまた楽しめる。

調理はすべてスタッフがしてくれるので楽ちんだね。また、昼12時から営業しているので、昼飲みもできるし、県外からの人をアテンドするには最適だ。しかも子連れもOKなのはとってもありがたいね。

Shop Data

㊟福岡市中央区春吉2-16-3
092-753-8201
㊖12:00〜15:00(LO14:30)、
18:00〜22:00(LO21:30)
㊡日曜日
㊢22席

㊙渡辺通駅より徒歩5分
○カード／可
○コース／あり
○アラカルト／あり
○平均客単価／昼4000〜5000円、
夜5000〜6000円

中央区・笹丘　#飲み会

ホルモン販売＆肉酒場 CHOKU

**豚ホルモンが名物の肉酒場で食べる「もつ鍋」が旨い。
昼飲みでもつ鍋＆焼肉もOK**

六本松から南下していった「イオンスタイル笹丘」の近くに、この店はある。外観が精肉店だから、知らないとまさか店の奥にイートインスペースがあるとは思わないだろう。店主の山下直人さんは、焼鳥屋になるために名古屋で修業していた時に、精肉店の奥で豚ホルモンの焼肉が食べられる店に出会ってしまったそうだ。そこにインスパイアされて、自身の出身地である福岡でも豚ホルモンのおいしさを広めたいと思い、同じ形態のこの店を始めた。

オープンした２０１９年５月ごろは、福岡ではまだ豚ホルモンを取り扱う店が少なかったのと、昼の11時から通し営業で昼飲みができるということで、グルメ好きの間ですぐに評判になった。人気メニューは、味噌ダレで食べる「味噌とんちゃん盛合せ（１００g）」（７００円）や「自家製すもつ」（６００円）。豚のコブクロと胃袋を使った「すもつ」はなかなか珍しい。コリコリ食感が楽しく、一味唐辛子と柚子胡椒を使っているので、ピリッとした辛さと柚子の香りの両方を楽しめるのだ。密かに常連に人気の「もつ鍋」（１人前１８００円）は、自家製の無化調スープを使ったもので、１人前から注文できるし、欲張って焼肉ともつ鍋の両方を食べることもできる。「もつ鍋」には基本的に牛の小腸、センマイ、赤センマイ、ハツ、豚のカシラなどが入っていて、いろいろな部位を楽しめるのは精肉店ならでは。食べたい部位や苦手な部位の要望も聞いてくれるのでありがたいね。醤油ベースのスープは、昆布、椎茸、カツオ節でダシをとり、糸島のミツル醤油と三州三河みりんであっさり系に仕上げられている。とにかく、もつの量がたっぷりで、プリプリだけど脂っぽくないのでいくらでも食べられそうだ。締めには、もっちり食感の「極太ちゃんぽん麺」（３００円）がオススメ。

Shop Data

㊟福岡市中央区笹丘1-36-20 1F
📞092-791-3116
㊂11:00〜22:00(最終入店20:00)
㊡火曜日、不定休
(席)18席
(交)六本松駅より徒歩18分

○カード/可
○コース/なし
○アラカルト/あり
○平均客単価/5000円

中央区・春吉　#記念日

鉄板焼 なか乃

仕事と普段のギャップがすごい！
濃いキャラのシェフが焼くステーキが絶品なのだ

記念日やデートで、夜景が見える鉄板焼きの店を探しているなら間違いなくここがオススメだ。『鉄板焼 なか乃』は春吉にあるビルの8階にあり、ここから見る那珂川沿いの夜景は最高だ。そのうえ2014年に、ミシュランガイド一つ星を獲得しているから間違いない。夜景が見える個室に焼き台があるのも喜ばれるね。アラカルトもあるが、やっぱりコース料理を選びたい。一番人気はオマールエビが付く19500円のコースらしい。ワインはフランス、イタリア、ニューワールドを中心に50〜60種類あり、金額は8800円〜。

オーナーシェフの戸次禎範《べっきよしのり》さんは顔の彫りが深いので、最近までハーフかと思っていたが、両親ともに日本人だそうだ。一緒に飲んでいる時は陽気な感じでよく喋るし、一見すると大雑把な性格のようだが、実は細かい気配りができる繊細さを持ち合わせている。仕事中は、まるで別人のように無口で、焼きに集中しているのだ。戸次さんは大学卒業後、洋食の道へ進み、ホテルではフランス料理の部署に8年いたらしい。その後、ステーキハウスの立ち上げを経験したのち、2012年7月に共同経営というかたちでこの店をオープンした。オープンからたった2年でミシュランガイド一つ星を獲得するなんてすごいね。そのすごさの理由は、独特のこだわりかもしれない。例えば肉の部位は、サーロインは使わずヒレだけとか、味付けは塩のみで、胡椒を使わないとか、脂の融点が低い肉を選んでいるとか。肉の焼き方では、バウンドさせたりして状態を見ながら数回休ませるとドリップが出ないとか、フランベはしないとか。オマールエビの場合は、直接焼くのではなく、殻の上で蒸し焼きにする手法をとっているそうだ。いやぁ、普段とのギャップがありすぎて、オモロイ人やね。

Shop Data

㊟ 福岡市中央区春吉2-4-11
リヴィエールシャン 8F
📞 092-739-5333
㊢ 17:30〜21:30(LO19:30)
㊡ 日曜日、祝日
※祝日に営業する場合はHPに掲載

(席) 30席
(交) 櫛田神社前駅より徒歩11分
○ カード／可
○ コース／あり
○ アラカルト／あり
○ 平均客単価／22000〜25000円

中央区・西中洲　#デート

游來《ゆき》

肉の好みを記録した顧客カルテがあるので、
通えば通うほど楽しくなる店なのだ

　ここ『游來』には、お客の好みが記載された「顧客カルテ」があるらしい。店主の田村岳幸《たむらたけゆき》さんは、一度来店したお客の好みなどを記録しておき、次回の来店時には、それをもとに新たなメニュー構成を提案してくれるのだという。だから予約時や来店時に、食べたいものや苦手なものを遠慮なく言ってほしいのだとか。いろいろわがままを聞いてくれる店なんて最高だな。

　内容が月替りのコースは１１０００円、１３２００円、１６５００円の３種類で、品数はだいたい12品くらい。値段の違いは、肉のグレードや組み合わせらしい。コースの内容は決まったものを提供するのではなく、お客の年齢や性別、食べるペースなどを見て臨機応変に変えているのだそう。こんなホスピタリティが高い対応はなかなかできることではないね。またカウンター席では、スタッフの焼き師がすべて焼いてくれて、ベストなタイミングで食べることができるのでうれしい。料理に合わせるワインは３００〜４００本ほど在庫があり、料理とのペアリングはしていないそうだが、ソムリエの資格を持ったスタッフがいるので、好みを言えばワインをセレクトしてくれるとのこと。

　そうそう、田村さんとは料理店や夜の街の道ばたでばったり会うことが多いので、てっきり毎日飲んだくれているのだと思っていたが、実は勉強しに行っているらしい。新しい焼肉店ができたら必ず行くし、コース料理の店やカウンター席がある小箱の店に行くことが多いとのこと。小箱の店ではお客との距離感やカウンター席でのやりとりが参考になるそうだ。食べに行かないとわからないこと、食べる側にならないとわからないことがあるのを再確認するのは大切なことなのだ。次回訪問した際は、どんなコースを食べさせてくれるのか楽しみで仕方ない。

Shop Data

㊟福岡市中央区西中洲5-6
092-731-2968
㊫17:00～24:00
㊡日曜日
㊢18席
㊦天神南駅より徒歩5分

○カード／可
○コース／あり
○アラカルト／あり
○平均客単価／13000円

早良区・西新　＃お一人様

もつ焼き てしまや

福岡では珍しい豚もつ焼きの立ち飲み店が、連日行列ができるほど大人気なのだ

西新商店街の中に、開店前から行列ができる店がある。ここ『もつ焼き てしまや』は、豚もつ焼きをメインにした立ち飲み店で、２０２１年６月にオープンした比較的新しい店だが、豚もつ焼きが旨いと評判になり、すぐに大人気の店になった。店主の手島佑太さんは、千葉県成田市にある『寅屋 本店』で、もつ焼きの旨さに衝撃を受けて、そこで働かせてもらったらしい。その後、自身の出身地である福岡で店を出したいと思い、福岡に戻ってきてこの店をスタートした。

オープン当初は、福岡では豚もつ焼きの店は珍しく、業者もたいてい冷凍ものしか取り扱っていなかったので、冷蔵の豚もつを仕入れるのに苦労したという。旨さの秘密は、朝仕入れたものだけを使うという鮮度のよさのようだ。自慢のもつ焼きで人気なのは、歯応えがいい「ハラミ」（１８０円）やトロトロで柔らかい「ダルム」（１８０円）、臭みがなくてしっかりした味の「レバー」（１８０円）だそうだ。低温調理している「タン刺し」（４５０円）はコリコリとしている。関東では酢醤油で食べるのが人気だが、福岡ではニンニク醤油の方が人気らしい。手島さんオススメの「もつ煮込み」（４５０円）には、もつが７、８種類も入っており、酒が進む味付けだ。これは、その日に仕込んだフレッシュなものと、前日のものを半分ずつ混ぜるといい感じになるのだとか。

そして、ここには厳しいルールがある。「10分前から並ぶのはOKだが、もっと前から並ぶのはNG」「1グループ3人まで。店内での待ち合わせ合流は不可」「泥酔者の入店や店内での大声の会話はNG」などだ。これは、ちゃんと並んだ人が損をしないようにしたいとか、みんなで楽しい時間を過ごしてもらいたいという店主の思いからできたものなのだ。ルールを守らんとがっつり注意されるけんね。

Shop Data

㊟福岡市早良区西新4-9-3-3
✆090-7980-4261
㊖15:00〜22:00(LO21:00)
㊡月曜日
㊫12席※立ち飲み
㊮西新駅より徒歩2分

○クレジットカード／不可
○コース／なし
○アラカルト／あり
○平均客単価／2500円

博多区・住吉　#子連れOK

GohGan《ゴウガン》

店内に入ると、スパイスの香りがフワッと鼻に抜ける アジアンフレンチの店

ここは、私の結婚パーティでもお世話になった思い出の場所。オーナーシェフの福山 剛さんの料理に、みんな大満足やった。福山さんは『LaMaisondelaNatureGoh』のオーナーシェフの時に、「アジアのベストレストラン50」で5年連続でランクインしたり、「ミシュランガイド 福岡・佐賀・長崎2019特別版」で一つ星を獲得したりと、とにかくすごい経歴の持ち主だが、気さくに接してくれる人柄で、みんなから愛されている。その福山さんが、「アジアのベストレストラン50」で4度の1位に輝いた、バンコクのインド料理店『ガガンアナンド』のオーナーシェフ、ガガン・アナンドさんと一緒に立ち上げたのが、このアジアンフレンチの店『GohGan』だ。

ここではアラカルトでもコースでも自分の好きなように楽しめるので使い勝手がいい。初めての利用でどれにするか迷ったら、7品の人気メニューが入った「GohGanおまかせコース」(7700円)がオススメだ。「傑作饅頭 博多Gohりもん」(1210円)は、みんなが大好きな「博多通りもん」とのコラボメニューで、フォアグラバターと季節のフルーツで『GohGan』風にアレンジしたもの。「仔羊のケバブ」は、臭みがなく炭火焼きなので香ばしい。生クリームのようなヨーグルトのディップソースをつけてさっぱり食べるよ。「GohGanスパイシークラブカレー」は、北海道産のズワイガニを使った『GohGan』のスペシャリテで、スパイシーなココナッツカレーだ。川沿いのテラス席では、飲み放題付きのBBQ(7800円)が毎日開催されている。生サラダやカレーが付いているのが普通のBBQと違うところらしい。別料金で、デザートやコーヒーもある。ここはグラスワイン1杯からでもOKなので、今度0次会で行ってみよう。

Shop Data

(住)福岡市博多区住吉1-4-17
010 BUILDING1F
(電話)092-281-0555
(営)12:00～15:00(LO14:00)、
17:00～22:00(LO21:00)、
金曜日・土曜日12:00～15:00(LO14:00)、
17:00～24:00(LO23:00)
(休)月曜日　(席)55席（テラス席あり）
(交)櫛田神社前駅より徒歩8分
○クレジットカード／可
○コース／あり　○アラカルト／あり
○平均客単価／昼3000円、夜8000円

南区・高宮　#子連れOK

アヒル食堂

ワインでサクッと昼飲みしたい時、
前菜が豪華な「アヒルランチ」がお得でオススメ

２０２４年8月1日にオープンした『アヒル食堂』は「アヒルランチ」でワインを飲むのが超お得なのだ。場所は高宮通り沿いにあるマンションの1階にあり、店内はコンクリートと木を組み合わせたデザインで、天井が高く、スタイリッシュでかっこいい。

店主の幸《ゆき》辰弥さんは、大分県の和食店に勤めていたが、薬院にある大人気店『ビストロミツ』の料理に衝撃を受けて転職し、12年間勤めたあと、独立してこの店をオープン。幸さんは、ここをアットホームな場所にしたいと思い、店名を『アヒル食堂』にしたらしい。アヒルは家族みんなで歩いているイメージがあるのと、自身もアヒルに似ている（確かに！）と言われることがあるのも理由なんだとか。ということで子連れもＯＫだ。「アヒルランチ」は前菜盛り合わせとサラダ、バゲット、３種類から選べるメインが付いて、なんと２２００円。この前菜が豪華で、鶏肝のムースやサーモンのマリネは、ワインが飲みたくなること間違いなし。ランチのグラスワインは、６６０円とお得すぎるから飲みすぎてしまうかもしれない。もちろん事前に予約をすれば単品で昼飲みもできるらしいが、まずは「アヒルランチ」で昼飲みするのがオススメだ。メインの「きなこ豚肩ロースのグリル」は岩塩とまろやかなマスタードソースがいい感じにマッチしていて、程よい歯応えがいい。「骨付きフライドチキン」は、まず大きさに驚くよ。そのうえジューシーでスパイシーだから食べ応えもある。ただし熱々だから注意せんといかんよ。「和牛ハンバーグ」（＋３３０円）は、塩、胡椒が効いた肉々しいハンバーグで好みのタイプやった。

夜はチャージが３３０円ほどかかるが、ワイン1杯だけでもＯＫというからありがたい。気軽に行けるので、通ってしまいそうだ。

Shop Data

㊟福岡市南区高宮1-4-10
LINO高宮1F B
📞092-600-4000
㊢11:30〜15:00(LO14:00)、
17:00〜23:00(LO22:00)
㊡日曜日

(席)24席
(交)西鉄平尾駅より徒歩6分
◯カード／あり
◯コース／あり　◯アラカルト／あり
◯平均客単価／昼2500円、
夜7000〜8000円

早良区・野芥　#記念日

めんとスープ

最後のラーメンまでは前菜。フレンチシェフの遊び心のあるコースを楽しんで

地下鉄野芥駅から徒歩10分のところにあるこの店は、カウンター6席だけの超コンパクトな空間だ。オーナーシェフの安藤寛さんは、『La Maison de la Nature Goh』の元スーシェフで、「アジアのベストレストラン50」の入選や「ミシュランガイド福岡・佐賀・長崎」の一つ星獲得に貢献したあと、2022年にこの店をオープンした。

最初は、ランチでフレンチの技法を使ったラーメンが食べられると話題になったが、現在はコース料理のみに変わっている。

コースは4種類で、「ランチハーフコース」(4400円)、「あてコース」(8800円)、「オマールブルー海老のコース」(11550円)、おまかせの「スペシャルコース」(19800円)。どのコースにも最後にラーメンが提供される。これらは昼でも食べることができるので、夜になかなか来られない人にはうれしいね。

例えば、「オマールブルーの茶碗蒸し」は、オマールブルー、ユリネ、グリーンピースが入っており、これらを一緒に蒸すのではなく、別々に調理することで、料理としてのコントラストが出るのがポイントだ。これは濃厚な味わいなので、思わずワインを飲みたくなるよ。「白子のムニエル おかゆソース」は、カブの葉のダシで炊いたタイ米のお粥をソースに見たてたもので、白子のとろっと感とお粥のとろみが一体感を生む逸品。「オマール海老ラーメン」は、蓋の付いた器で提供されるので、まずは香りを楽しんでもらいたい。4〜5時間かけてとった鶏ダシと、50分かけてローストしたオマールエビの頭を合わせて炊いたものを、裏ごしして濃縮させたスープが特徴で、こちらも濃厚な一杯となっている。ここだけの話だが、安藤さんのイチオシは「しょうゆラーメン」らしいので、予約の時にお願いしてみてください。

Shop Data

㊟ 福岡市早良区野芥3-14-17
チェリーハウス1F
📞 092-863-1755
㊪ 12:00〜※一斉スタート、
18:00〜※一斉スタート
※コースのスタート時間は相談可

㊡ 木曜日、不定休
㊕ 6席 ㊯ 野芥駅より徒歩10分
○ カード／可
○ コース／あり
○ アラカルト／なし
○ 平均客単価／昼5500円、夜12000円

博多区・博多駅南　#子連れOK

杏仁荘《あんにんそう》

中華の定番料理を現代風にアレンジ。連日リピーターでにぎわうやみつき中華

ここはガチの町中華でもない、小ぎれいな高級中華でもない、普段使いができる激ウマ中華店なのだ。定番の「五目炒飯」（１１００円）や「青椒肉絲」（１２００円）、「エビのチリソース」（１１５０円）、「麻婆豆腐」（１２５０円）など、なじみのある料理から「黒胡麻担々麺」（１１００円）や「海老あんかけ湯麺（塩）」（１２５０円）など、ひと手間加わった麺類までそろっている。どれも濃いめの味付けだから酒でもご飯でもいけるのだ。博多駅から徒歩20分と離れているにもかかわらず、ランチは行列ができるほどの大人気店だから、開店少し前くらいに行くのがオススメだ。ランチは、週替りメニュー2種類のほかに、麺が数種類と、「エビチリ定食」（１１５０円）や「麻婆豆腐定食」（１１００円）などの定食が食べられる。「汁なし担々麺」（１１００円）は、ニラとネギがびっしりと敷き詰められており、麺が見えないほど。ピリ辛の挽き肉と一緒によく混ぜて食べたあとに、白飯を投入すると2度おいしいのだ。

夜は、３５００円とお手頃価格のコース料理もあり、６人からは「飲み放題」（２０００円）も付けることができる。子供用のイスがあるので、子連れもOKなのはありがたいね。

オーナーシェフの野口容平さんは、〝古典風異端児料理人〟。〝古典風異端児料理人〟とは、例えば横浜中華街の30年前のレシピを現代風にアレンジする料理人のことで、「杏仁荘」では定番ながら斬新な「鶏の香味パリパリ焼き」や「肉焼売」などを提供している。ワインも大好きで、ここには50本ほどストックがあり、系列店も合わせると３００本くらいになるのだとか。グラスワインも５５０円から飲めるのはありがたい。彼は常に新しいことに挑戦しているので、また斬新な発想の料理が創られるのが楽しみだ。

Shop Data

- 住 福岡市博多区博多駅南4-17-6
- ☎ 092-481-1633
- 営 11：30〜14：30（LO14：00）、18：00〜22：00（LO21：30）
- 休 不定休
- 席 37席
- 交 博多駅より徒歩20分
- ○ カード／可※ディナータイムのみ
- ○ コース／あり
- ○ アラカルト／あり
- ○ 平均客単価／昼1100〜1200円、夜4000円

博多区・須崎町　#会食

星期菜

福岡中華料理界の重鎮の料理が、お手頃価格で食べられるとはなんてラッキーなんだ

店名の『星期菜』は「サイケイツァイ」と読むのだ。ここは「ミシュランガイド福岡・佐賀２０１４」で、ビブグルマンに選ばれた店で、お手頃価格で広東料理を食べることができる。店内は12席とコンパクトで、９人から貸切りができるのはありがたい。オーナーシェフの谷口浩平さんは某ホテルの中華部門出身で、今年68歳になられる福岡中華料理界の重鎮なのだ。重鎮といったら、なんだか近寄りがたい雰囲気を漂わせているイメージだが、谷口さんは気さくな性格だから、一緒に飲んでいても明るくて楽しい人だ。

そんな谷口さんのオススメの料理は、季節によって変わる「本日の前菜盛り合わせ」(２人前２４００円)だ。美しく盛り付けられた数種類の前菜は絶妙な味付けだから酒が進んでしまうね。次に「イカの湯引き香港風」(１９００円)は外せない。湯引きされたイカの歯応えのよさと、程よい味付けがたまらない。店名を冠した「星期菜特製春巻(２本)」(７００円)は、皮が非常に薄くてサクサクで軽いよ。一般的に広東料理は薄味だと思われているが、薄味ではなく食材を生かした雑味のない清らかな味わいなのだ。ここはコース料理がお得で、前菜、スープ、エビ料理、肉料理、海鮮料理、土鍋ご飯、デザートの７品で、なんと５５００円。これに、あまり公表されていない「飲み放題」(２２００円)を付けても１万円以下なんてうれしすぎるね。

また、ランチもやっていて、６種類くらいの麺が用意されている。「チャーシューとネギの香り汁そば四川風肉みそごはん付」(８００円)は、あっさり系のスープで、干しエビ、ニンニクチップ、２種類のネギが入っており、麺はストレート細麺を合わせている。谷口さんが引退してしまうと寂しいので、できる限り店を続けてほしいものだ。

Shop Data

㊟福岡市博多区須崎町4-19
092-282-6688
㊒11:30〜14:00(LO13:45)、
17:30〜22:00(最終入店21:00)
㊡日曜日
㊢12席
㊫中洲川端駅より徒歩6分
○カード／不可
○コース／あり
○アラカルト／あり
○平均客単価／昼900円、
夜7000円

南区・平和　#デート

中華じげん

国際薬膳師の資格を持つ店主の広東料理は、体調を整える不思議な力がある

南区平和の筑肥新道沿いにひと際目立つ黄色い扉の店『中華じげん』がある。しかし店内は扉のようなポップなイメージではなく、黒を基調としたシックな雰囲気だから、ギャップがすごい。店主の本堀大介さんいわく、中国の陰と陽を表現したのだそうだ。ツルッとした頭の本堀さんは、国際薬膳師の資格を取得しているので、ここでは薬膳の要素を取り入れた広東料理が食べられるのだ。

ここはコースのみの提供で、「みだれるディナーコース」（9900円）は、本堀さんの好きなもので構成されている。まず「前菜の盛り合わせ」は、彩りが鮮やかでテンションが上がるよ。9種類の前菜をちょこちょこ食べられるので、酒を飲まずにはいられない。下処理に手間ひまかけた「沖縄の久米島産赤鶏の丸焼き」は、皮がパリパリで身はしっとりジューシーなのだ。添田町の米を使った「蓮の葉包み蒸しチャーハン」は、2時間も蒸しているのに、米がパラパラに仕上がっていてバリ旨だ。途中でちょい辛味噌（トマトと唐辛子を発酵させたものにエビ味噌を加えたもの）をつけるとさらに旨くなるよ。

ほかには古きよき伝統料理が中心の「いにしえコース」（16500円）やフカヒレの姿煮が入った「ぜいたくコース」（22000円）がある。品数はどのコースも7、8品ほどで、前日までの予約が必要だ。11月や12月には「上海蟹フルコース」（22000円）が登場するらしい。料理に合わせるドリンクは、紹興酒が4種類で、ワインは本堀さんが飲んでおいしいと思ったものを、白、赤、泡の各3種類ずつ。ボトルは5500円〜、グラスワインは1100円〜になっている。ここの中華料理を食べたあとは、やっぱり体の調子がよくなった感じがするんだよね。

Shop Data

(住)福岡市南区平和2-1-1
☎092-600-4294
(営)17:00～23:00
(休)不定休
(席)10席
(交)西鉄平尾駅より徒歩8分

○カード／可
○コース／あり
○アラカルト／なし
○平均客単価／13000円

中央区・六本松　#お一人様

餃子 おそ松

コンセプトはササッと1人でも入れる店。老若男女が楽しめる餃子が看板メニュー

六本松駅から徒歩7分ほどの路地裏に『餃子 おそ松』はある。ここは「食べログ 餃子 百名店 ２０２４」選出店で、誰もが楽しめる餃子が看板メニューの店だ。パリッと焼かれた「おそ松 焼餃子」（４５０円）は、野菜が多めでシャキシャキ感が残っている。しっかり味が付いているが、子供でも食べやすいようにニンニクは入っていない。前々から気になっていた「焼ビーフン」（９５０円）の、米粉を使った麺は口当たりが軽く、酒のアテになる。そういえば福岡では〝焼きビーフン〟はあまり見かけないかもしれない。ドリンクは「おそ松サワー」（５３０円）がオススメ。これはキンミヤ焼酎を凍らせたものに、シークヮーサーを入れているから、時間が経っても薄まらないというか、むしろ濃くなるので、酔っ払わんようにせんといかんよ。「生ハムとアボカド餃子」（５９０円）は、軽いブルスケッタのようだから、手で食べるのがオススメ。おじさんにはちょっとおしゃれすぎるかもしれないが、女性は好きそうだ。ワインにも合うね。

オーナーの水田正大さんは、価格も安くてササッと1人でも入れるような店を作りたかったという。「シンプルで楽しく」がモットーで、いつもニコニコしているから、周りの人たちも自然とニコニコしてしまうようだ。だから陸上自衛隊出身で、一見強面の関岡店長もつられてニコニコしていて、さらにノリノリだ。こんな雰囲気の店だから人が集まってくるのかもしれない。そうそう、４５００円で8品と飲み放題付きのコースがあるのは知らんやった。これは2人以上からだが、当日予約でもOKなのはありがたい。貸切りは15人からで、スタンディングなら30人くらい入れるようだ。なんだか飲みたい気分になってきたので、今日も軽く一杯行ってしまうかもしれない。

Shop Data

(住) 福岡市中央区六本松4-5-22
📞 092-707-0016
(営) 16：00～24：00（LO23：30）、土曜・日曜・祝日14：00～24：00（LO23：30）
(休) 火曜日
(席) 20席

(交) 六本松駅より徒歩7分
○ カード／可
○ コース／あり
○ アラカルト／あり
○ 平均客単価／3000円

中央区・大名　#お一人様

味噌蔵ふくべえ

味噌ラーメンが看板メニューだが、実は大きめの手作り餃子がバリ旨なのだ

店主の福井貴之さんは、東京で理系の大学を卒業後、サラリーマンとして働いていたが、東日本大震災のあとに、仙台の味噌ラーメン店へ手伝いに行ったことがきっかけで、自分の店を持ちたくなったのだという。奥様の地元の福岡が住みやすかったので、出店することにしたそうだ。オープンした2016年ごろは、福岡では味噌ラーメンの店はまだ少なかったと記憶している。豚骨ラーメン店が主流だった当時、味噌ラーメンの店をやることに不安はなかったのか聞いてみたところ、近くにあった味噌ラーメン店が閉店したので需要があると判断し、なんとかなると思ったらしい（笑）。

ここは北海道、宮城（仙台）、福岡の味噌をブレンドした〝濃く旨〟スープの「味噌ラーメン」が看板メニューだが、実は手作り餃子がバリ旨なのだ。ちょっと大きめサイズの「餃子4個」（480円）の皮は薄くてもっちりしている。餡は豚肉と野菜がたっぷりで食べ応え抜群。食感を残すために食材を細かくしすぎないようにしているのだとか。

餃子は、甘辛くてニンニクたっぷりの味噌ダレで食べることを推奨しているが、途中から酢醤油をつけて食べると、さっぱりと食べられるよ。

個人的に好きな「味噌担々麺」（1050円）は、黒胡麻が入った濃厚タイプの担々麺で、麺をハーフの70gにすると味付き玉子をサービスしてくれるのだ。注文が入ってから野菜を炒めるので、熱々シャキシャキの野菜が食べられるのはうれしい。麺は北海道の「札幌製麺」から、わざわざ送ってもらっている中太卵ちぢれ麺で、ちょいモチなのが特徴だ。お願いしたら無料で出してくれるすりおろしニンニクを途中で投入すると旨さ倍増だ。

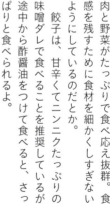

Shop Data

㊟福岡市中央区大名1-9-24
マザーハウス1-A
✆092-202-1924
㊢11:30～14:45（LO）、
18:00～22:00（LO）
㊡木曜日の夜、日曜日

㊢8席
㊢赤坂駅より徒歩5分
◯カード／不可
◯コース／なし
◯アラカルト／あり
◯平均客単価／昼1100円、夜1300円

中央区・大名　　#飲み会

クボカリー 大名店／夜のクボ

昼はスパイスカレーが人気の店が、夜はスパイス料理の店に変わるのだ

大名にある『クボカリー　大名店』は、夜になると表札を変えて、スパイス酒場『夜のクボ』として、スパイス料理をつまみに酒を飲む店になるのだ。『クボカリー』といえば、福岡のスパイスカレーブームの火付け役で、3種のカレーと複数の副菜がひと皿で味わえる「クボカリープレート」（1500円）が看板メニューの店。そんな人気店が夜営業でスパイス料理を提供するようになったというから、行かないわけにはいかんでしょ。

　オーナーの久保正三さんは、小さい頃に父親と行った酒場の空気感が好きで、酒場やラーメン店の大将に憧れていたらしいので、夢が叶ったようだ。夜はスパイス料理中心で、「クボカリープレート」の提供はしていない。名物の「旨辛クボチキ・赤（国産骨付き鶏もも肉の唐揚／旨辛タレ）」（748円）はピリ辛で柔らかくてジューシー。ただし骨があるので、注意しながら優しく噛まんといかんよ。

「豚バラと豆苗のクミンシード炒め」（715円）は、豆苗を片栗粉をまぶした豚バラとニンニク、オイスターソースで仕上げたもので、豆苗がシャキシャキで好きなタイプ。「ココナッツカレーヌードル」（935円）は、鶏ガラスープにココナッツミルクを加えたスープで濃度は高め。タイ産のハーブの爽やかな香りが効いている。麺は、なんと乾麺を使用しているのだが、サクッとした食感で小麦粉感もある中太ストレート麺だ。途中でレモンを搾って酸味を加えると最後まで飽きることなく完食できる。

　たいていのメニューは、お一人様でも大丈夫なように、量の調節もしてくれるのはありがたいね。ドリンクは6種類のインドビールやインドのウイスキーが置いてあるので珍しい。友人たちと飲み比べしたら楽しいね。インドビールはライトな感じで、インドのウイスキーのハイボールはしっかりした味わいやった。

Shop Data

㊟福岡市中央区大名1-4-23
ロワールマンション大名1F
📞092-732-3630
㊖（クボカリー）11:00〜16:00（LO15:30）、
（夜のクボ）18:00〜23:00（LO22:00）
㊡（クボカリー）水曜日、
（夜のクボ）水曜日、日曜日
(席)16席　(交)赤坂駅より徒歩6分
○カード／可※夜のみ
○コース／なし　○アラカルト／あり
○平均客単価／昼1200〜1500円、
夜3500〜4000円

博多区・上川端町　#お一人様

&スリランカ 中洲川端店

美人姉妹が営んでいるサラサラなスリランカカレーを時々無性に食べたくなるんよ

上川端商店街の雑居ビルの地下に、豚肩ロースがど〜んとのったスリランカカレーが人気の店がある。ここは薬院にある大人気カレー店『Ｒスリランカ』の姉妹店で、店内は白を基調としたスタイリッシュなデザイン。壁に描かれたゾウの絵は、なんと英人気オーディション番組「ブリテンズ・ゴット・タレント」で準決勝まで進出した、お笑い芸人「ノボせもんなべ」さんが描いたものらしい。オーナーの池田圭子さん（写真左、右は妹の山口光子さん）はピアノ講師をしていたが、縁あって『Ｒスリランカ』の経営をすることになり、今ではＦＣ店を含めて4店舗を展開するまでに成長した。

　カレーは本場のスリランカカレーではなく、『Ｒスリランカ』のシェフだったスリランカ人のアサンカさんの母親の味をもとに、日本人向けに作ったオリジナルのものなのだ。個人的に好きな「ドライカレー&カレー」（１０００円）は、サラサラなルーとウインナーやカシューナッツ、豚肉などがごろごろ入ったドライカレーを合わせたもの。ルーを3辛にして、干しエビなどが入った「チリペースト」（１００円）をトッピングするのがお気に入りだ。陶器に盛り付けられたカレーを、コンロでそのまま火にかけており、熱々で提供されるから火傷せんように注意せんといかんよ。ちなみに一番人気は「豚肩ロースステーキカレー レギュラー」（１３００円）に「炙りチーズ」（２００円）をトッピングしたものらしい。

　営業時間は11時から23時までの通し営業で、11時から15時まではランチ、15時から18時まではカレーも食べられるスイーツ中心のカフェとなっている。そして新しく始まった18時からの夜営業では、カレーと「スパイス担々麺」（１０００円）が食べられるようだ。仕事終わりにサクッとスパイスチャージして帰るのもいいかも。

Shop Data

㊟福岡市博多区上川端町11-1
新川端グレースマンションB1
📞092-409-2036
㊂11:00～23:00(LO22:30)
㊡不定休
㊢19席

㊦中洲川端駅より徒歩1分
○カード／不可
○コース／なし
○アラカルト／あり
○平均客単価／昼1200～2000円、カフェ600円、夜1000～2000円

中央区・天神　　#お一人様

中華そば 月光軒《ムンライケン》

やはりこの親にしてこの子あり、なのかもしれない。〝ラーメン屋〟の息子は、やっぱり〝ラーメン屋〟になった

天神に麺が主役のラーメン店がある。『月光軒』は、非豚骨ラーメンの店で、とにかく麺が旨いと評判なのだ。店主の望月学さんの父親は、大分県別府市で『ラーメン大學』という人気屋台を創業した人だったが、彼は家業を継ぐのが嫌だったので、歯科技工士として働いていた。33歳の時に視力が落ちたことで歯科技工士を続けることを断念して、まさかの〝ラーメン屋〟を目指すことにしたそうだ。そのころはラーメンブームで〝ラーメン屋〟がかっこよく見えたらしい。久留米にある豚骨ラーメンの有名店で修業したのち、36歳の時に豚骨ラーメンの店『麺家もち月』をオープンした。それから中華そばの店を立ち上げたり、海外で友人の店を手伝ったり、ラーメン業のコンサルタントとして、アジアやアメリカ、カナダに行ったりしていたそうだ。年齢的に海外に行くのがきつくなったので、2019年に上川端商店街で『月光軒』をオープン。その後、移転を繰り返し、2023年9月にこの場所にたどり着いた。望月さんは海外で製麺に苦労した経験からスキルを上げ、小麦粉の造詣を深めたらしい。

看板メニューの「中華そば しお」(890円)には、フランスのゲランド塩や瀬戸内の藻塩、沖縄の塩など4種類の塩を配合したタレを使っている。地鶏の丸鶏と水だけで炊いた清湯スープに塩タレを合わせたものは、透き通った黄金色で、旨味が力強いタイプ。2日ほど寝かせた自家製麺は水分が均一に行き渡っているため、なめらかでいて、もちっとした食感と喉越しを楽しめるのだ。低温調理された豚肩ロースと鶏ムネ肉のチャーシューは、柔らかくてしっとりしている。トッピングにウズラの卵やミニトマトがあるのは珍しいね。ミニトマトの程よい酸味がちょっとした箸休めになって、スープを完飲してしまったよ。

Shop Data

住 福岡市中央区天神2-12-1
天神ビル B1
☎ 092-710-7779
営 11:00〜14:45(LO)、17:00〜20:45(LO)、
日曜日11:00〜14:45(LO)
休 なし

席 11席
交 天神駅より徒歩2分
○ カード/不可
○ コース/なし
○ アラカルト/あり
○ 平均客単価/昼1000円、夜2000円

中央区・白金　#旅行

八ちゃんラーメン

毎日行列ができる有名店『八ちゃんラーメン』の店主はいったいどんな人？

1968年創業の『八ちゃんラーメン』といえば、毎日行列ができる店なので、すでに知っている人は多いだろう。だが2代目店主の橋本進一郎さんのことを知っている人は少ないのではないだろうか？

　橋本さんは、大阪の調理師専門学校卒業後に、福岡のホテルに就職して中華部門に配属された。その後は、佐世保のホテルや横浜に本店がある中華料理店の福岡店などで働いて経験を積んでいったそうだ。そう、彼はバリバリの中華料理人なのだ。彼が30歳くらいの時、母親の体調が悪くなったタイミングで『八ちゃんラーメン』で働くことに。5年後の2012年くらいに、創業者である父親から店を引き継いだ。店を引き継ぐまでは父親と一緒に働いたが、父親が作ったラーメンを運んだだけなのに、息子のラーメンはマズイと、お客から言いがかりをつけられたこともあり、接客には苦労したという。橋本さんは「先代のころはスープ作りに灯油バーナーを使っていた。今はガスに変更したり、炊き方を変えたりしたことで、少しマイルドにはなったが、確実に旨くなった」と言い切る。

　2代目が作る「ラーメン」（800円）は、寸胴の3層に分かれた上澄み部分をうまく盛り付けて、スープの表面が泡で覆われたビジュアルになっている。大量の豚骨を12時間ほど炊いた新しいスープと、前のスープをブレンドした濃厚なスープが特徴で、最初に旨味と塩味がガツンとくるタイプ。粘度はちょいトロで、ドロドロではない。これに自家製の平打ち極細ストレート麺を合わせており、硬さはカタがオススメらしい。味変には、卓上にあるおろしニンニクと紅生姜、胡椒がぴったりだ。また、スナック菓子感覚で食べられる、生地から作っている自家製の極小餃子も外せないし、11種類もあるおでんもぜひ食べてほしい。

Shop Data

住 福岡市中央区白金1-1-27
☎ 092-521-1834
営 18:00～翌2:00
休 日曜日、祝日
席 15席
交 薬院駅より徒歩3分

○カード／不可
○コース／なし
○アラカルト／あり
○平均客単価／1000円

西区・姪の浜　#お一人様

福はこび 姪浜本店

豚骨ラーメンの大人気店『博多一双』が手がける
非豚骨ラーメンをぜひ食べてみてほしい

姪浜駅から徒歩4分のところにある『福はこび 姪浜本店』は、あの〝豚骨カプチーノ〟で有名な『博多一双』が手がける「町中華」をイメージした店だ。醤油ラーメンと塩ラーメンが看板商品で、豚骨ラーメンはない。どうやら山田さんが幼少期に育った姪浜という地域に恩返しの気持ちで出店したらしい。2021年9月10日のオープンから約3年半経った今では、すっかり地域になじんで、地元のリピート客でにぎわっていた。

「醤油ラーメン」(800円)は、醤油ダレに明治29年創業の『ヤマタカ醤油』の「本醸造濃口再仕込み」という醤油を使っている。これに豚と鶏、野菜で炊いたスープを合わせ、注文を受けるたびに一杯ずつ中華鍋で仕上げることで、醤油の香ばしさが際立った、濃厚で熟成感のあるスープになっている。麺は「製麺屋慶史」特注の熟成オリジナル中太麺で、モチッとしながらも歯切れがいいもの。山田さんオススメの食べ方は、途中でトッピングの「バター」(100円)を投入してコク増し味変をすることらしい。

「塩ラーメン」(800円)の塩ダレは、北海道産真昆布と鹿児島枕崎カツオ節、椎茸などに『ヤマタカ醤油』の「うすくち」を合わせたもの。これと豚と鶏、野菜のスープ、ラードと一緒に中華鍋で仕上げると、まろやかだがキレとパンチがある、熱々の「塩ラーメン」が完成するのだ。麺は「醤油ラーメン」と同じオリジナル中太麺。こちらのオススメの食べ方は、途中で自家製辣油を少しだけ入れて、ピリッと味変することだそうだ。どちらもオープン当時の味と比べると、ブラッシュアップされてさらに旨くなっていた。山田さんの「ラーメンは自分が食べたいと思うもの、おいしいと思うもの、好きなものを作る」という、お客に媚びない姿勢は潔くて気持ちがいいね。

Shop Data

㊟福岡市西区姪の浜4-11-23
✆092-883-0178
㊡11:00〜15:00(LO14:45)、
18:00〜22:00(LO21:45)
㊖不定休
㊕16席

㊈姪浜駅より徒歩4分
○カード／不可
○コース／なし
○アラカルト／あり
○平均客単価／1000円

南区・玉川町　　#お一人様

らーめん はや川 高宮本店

平打ち手もみ太麺に絡む濃厚な辛味噌ラーメンが看板メニューの、今勢いがある店

２０１７年７月にオープンした同店は、味噌ラーメンが人気だ。当初は醤油ラーメンが看板メニューで、早川さんが経営していたのだが、２０１９年に現オーナーの谷口しんさんが引き継いだ。ここでは麺以外はすべて手作りで、味噌は加熱処理をせず、酵素や酵母が生きたものを使っている。一番人気の「辛味噌らーめん」（９８０円）は、鶏ガラと豚骨をじっくり炊いたスープに、信州、八丁、こうじの３種類の味噌と、17種類のスパイスを合わせた味噌ダレを合わせており、背脂も入っているので超濃厚な一杯になっている。麺は平打ちの手もみ太麺でもちっとした食感。自家製辛ダレは、２種類の唐辛子とニンニク、揚げタマネギを使ったもので、お願いしたら別皿にしてもらえるのはありがたい。チャーシューは炙り豚バラと豚肩ロースの２種類で、炙り豚バラは香ばしい。

スープが超濃厚なので、トッピングのモヤシが箸休めになってうれしい。つけ麺のスープを飲む時に使うカツオダシの割りスープを使って濃度を調整するのは裏技だ。好きな麺類に＋２８０円でチャーシュー丼が食べられる「プチ丼セット」は、お客の約半分が注文するらしい。チャーシュー丼は、炙り豚バラ、豚肩ロース、鶏ムネ肉に甘めのタレをかけて仕上げたもの。サイコロ状になった炙りチャーシューは香ばしくて、ゴマ油がアクセントになっている。これだけの量のチャーシューが入ってこの値段はお得やね。席数が10席とコンパクトな店だが、子連れOKなのもうれしい。

谷口さんは、高校生の時に運動部だったことでアスリートと繋がりがあり、プロスポーツ選手のセカンドキャリアの相談を受けることがあるという。最近では、その選手たちがオーナーになり、京都の祇園店や福岡の警固店がFCとして、次々にオープンしている。

Shop Data

住 福岡市南区玉川町11-11 1F
☎ 092-554-7474
営 11:00〜15:00(LO14:30)、
17:30〜21:30(LO21:00)、
日曜日11:00〜15:00(LO14:30)、
17:30〜21:00(LO20:30)

休 不定休
席 10席
交 高宮駅より徒歩3分
○カード／不可
○コース／なし　○アラカルト／あり
○平均客単価／1200〜1250円

中央区・平尾　＃お一人様

粉《こ》やなぎ

ちょっと変わった書道家が作る「うどん」は、シンプルだが個性が光る一杯なのだ

ツルッとした頭をした店主の小柳公人《こやなぎまさと》さんは書を志し、高校時代から書に携わってきた。冬の登山が趣味で、寒さに耐える練習のために「ニチレイ」の冷凍倉庫で働いていたこともあるというオモロい人なのだ。奥様が妊娠したのをきっかけに『福岡麺通団』（現在は『うどんと焼鳥のかまどり』）で働き始め、11年ほど勤めたあと、三光橋にある『弥太郎うどん』で2年ほど働き、自身の店『粉やなぎ』をオープンした。

『粉やなぎ』をオープンするにあたり、貸してくれないと評判の空き店舗を知人の口利きで契約できたり、道ばたでばったり会った後輩が内装をしてくれたり、友人の店舗で3か月くらいしか使ってない厨房機器を安く譲ってくれたりと、小柳さんは、友人や知人と縁のある運のいい人だ。

ここには2種類のカレーうどんがある。「鶏キーマカリーうどん」（９５０円）は、天神の人気カレー店『路地裏カレーＴｉｋｉ』（Ｐ１４８）とのコラボカレーで、なかなかピリッと辛い。うどんはコシがあってモチッとしたタイプ。トッピングの梅干しの酸味が合うのは新しい発見だ。「手羽元スリランカカリーうどん」（９５０円）は、『旅するクーネル』の井上さんのレシピで、程よい酸味と甘味のスープカレーに、大きな手羽が2個付いている。マスタードシードの粒感もいいね。

小柳さんいわく、白黒の書の世界と小麦粉、水、塩のうどんの世界、そして趣味である冬の登山の世界は、色数が少なくシンプルで似ているらしい。小柳さんはシンプルなものが好きなのだ。

最近はコーヒー豆の焙煎にハマっているらしくて、しかもエチオピアの豆だけを使うという。これも色数が少ないからハマってしまったのだろうか？　いつか小柳さんの焙煎した豆でコーヒーを飲んでみたい。

Shop Data

住 福岡市中央区平尾2-14-18
☎ 092-406-7825
営 8:00～14:00、
土曜日7:00～14:00
休 月曜日
席 12席

交 西鉄平尾駅より徒歩4分
○ カード／不可
○ コース／なし
○ アラカルト／あり
○ 平均客単価／800円

博多区・博多駅前　　#お一人様

麺屋 いし井《い》

あの人気店の驚きの新業態！
そしてあっという間に人気うどん店へ仲間入り

博多駅前に行列ができるうどん店がある。ここ『麺屋 いし井』は、人気居酒屋の『焼売酒場いしい』や『ツクネスタンダード』の姉妹店で、うどんの業態は初めて。それにもかかわらず、完成度が高くてびっくりしたよ。オーナーの石井克典さんいわく、うどんは国民食で、世界でも通用する日本食だから挑戦してみたかったとのこと。石井さん自らうどんの学校に通い、うどんの配合から盛り付けまで決めたそうだ。大変な時でもあまり顔に出さず、飄々とこなす石井さんは器用な人だね。

一番人気の「明太釜玉バターうどん」（1100円）は、まず見た目がきれいで色鮮やか！ 大分県のブランド卵「蘭王」の黄身は濃いオレンジ色で、高級感がありテンションが上がるよ。麺は温かくて讃岐うどんのようなコシがあるが、讃岐うどんよりは少し細めで、食感はつるもち。卵が濃厚なのは見ただけでわかるが、バターがいい感じに効いている。卵、明太子、バター、大葉、海苔をよく混ぜて食べると、最後までまろやかさを楽しめる一杯だ。「鶏玉天ぶっかけうどん」（1200円）は麺が冷たいタイプで、温かいものよりもコシが強くて歯応えがいい。石井さんは、もともとは「ぶっかけうどん」をメインに想定してうどんを開発していたとのことで、バチッとキマっている。デカい鶏天は、しっとりしていて柔らかいし、半熟卵天がとろとろでたまらない。添えてある魚粉はイリコが入っていないので、主張しすぎず、魚粉が苦手な人でも食べられそうだ。サイドメニューの「和牛すき焼きごはん」（650円）はしっかり味がついた牛丼だ。

店内は明るく、木のカウンターにハイチェアのしゃれた造りで、女性が一人でも入りやすい雰囲気。石井さんは、そのうち夜に居酒屋営業をしたいらしいので、こちらも楽しみだ。

Shop Data

(住) 福岡市博多区博多駅前3-9-5
チサンマンション第一博多1F
(☎) なし
(営) 9:45〜15:00(LO14:30)、土曜日・日曜日・祝日9:30〜15:00(LO14:30)
(休) 不定休
(席) 14席
(交) 博多駅より徒歩6分
○ カード/可
○ コース/なし
○ アラカルト/あり
○ 平均客単価/1300円

中央区・長浜　＃旅行

屋台のたまちゃん

長浜エリアを盛り上げようと、人気焼肉店が屋台に進出！ラーメンにも初挑戦

ここは第4回屋台公募に合格し、2023年6月にオープンした長浜エリアにある屋台。店主の鳥巣大介《とすだいすけ》さんは、福岡で『大衆焼肉たまや』や『白金辛ホルモン まる福』『大衆食堂うっちゃり』などの肉系人気店を展開している会社の社長で、長浜エリアを盛り上げようと屋台に進出したのだそう。観光業をやってみたかったのと、将来的にラーメン居酒屋をやるための足がかりにしたいという思いもあるようだ。

この屋台の特徴は、屋台の定番メニューがそろっているところで、焼肉店の系列店だからできるメニューもある。炭火焼きの焼鳥は14種類あり、値段は200円〜。初めての人は「炭火焼とり5種盛」(1000円)がオススメ。屋台に「生ラム」(580円)があるのは珍しい。これは冷凍ではなく冷蔵で空輸されたもので、クサみがなく歯応えがいいので食べ応えがあるね。鳥巣さんは、この屋台の定番にしたいそうなので、ぜひ試してみてほしい。

あごダシのおでんは11種類あり、値段は200円〜。「あごだし おでん五種盛」(1000円)は自分でおでんを選べるのがいいね。今回は厚揚げ、ぎょうざ天、大根、こんにゃく、牛すじをセレクト。単品で注文するよりもお得だ。「ぎょうざ天」(250円)は、福岡ならではのおでんなのでぜひ食べてみてほしい。おでんには「名物出汁割り酒」(500円)が合うよ。「長浜純豚骨ラーメン」(750円)は、ちょいトロで塩味が効いたスープに、『製麺屋慶史』の中加水で、ちょっとモチッとしたストレート麺を合わせている。カエシは濃度を高めにして、少ない量でスープが冷めないように工夫しているそうだ。トッピングはネギとゴマとチャーシューで、チャーシューがとろとろで旨すぎるのは、この屋台が焼肉店の系列店だからに違いない。

Shop Data

(住) 福岡市中央区長浜3-14
✆ InstagramのDMでのみ予約可
(営) 19:00〜24:00
(休) 不定休
(席) 12席
(交) 赤坂駅より徒歩9分

○ カード／不可
○ コース／なし
○ アラカルト／あり
○ 平均客単価／2000円

中央区・天神　#旅行

屋台BARえびちゃん

屋台で、ツルッとした店主が作る本格的なカクテルは、旅の最高の思い出になるよ

福岡にはいろいろな屋台があるが、屋台のバーはここ『屋台ＢＡＲえびちゃん』だけだ。夜になると天神の『日本銀行福岡支店』の前に出現するこの屋台は、カクテルやウイスキー、リキュールなどを楽しむことができる。バー利用だからお客も20時くらいから入りだすのかと思いきや、開店直後から満席になるほど、常連客や観光客に人気なのには驚くよ。

メニューは、スマートフォンでＱＲコードを読み取ると表示されるようになっているので、昔ながらの屋台なのに、なんだか今どきだなぁと思ってしまう。カクテルはツルッとした店主の海老名剛《えびなたけし》さんに自分の気分や好みを伝えたら、ピッタリなものを作ってくれるよ。カクテルで一番人気の「ソルティードッグ」（９９０円）は爽やかな甘さに、グラスの縁の塩がアクセントになっていて、飲みやすいからゴクゴクいけちゃうね。最初の１杯は、これがオススメ。

ここはカクテルやウイスキーだけでなく、フードの種類も豊富で、特に牛テールスープがベースのおでん（10～5月）が人気。しっかり味がしみ込んだおでんは体が温まるね。吉塚にある『平和蒲鉾店』が発祥といわれている「ぎょうざ天（餃子巻き）」（２５０円）は、福岡ならではのもの。餃子の皮がトロトロで、ワンタンのような口溶けだよ。餃子の餡と牛テールスープが合わさると最高。本格焼酎の製造技法である「荒濾過濁り製法」をジンの製造に応用した「吉田クラフトジン荒濾過」を使った「キンカンのジンリッキー」（１２１０円）は、厚みのある味わいが特徴だ。皮のまま食べるキンカンは、食べ応えもあり、爽やかな酸味とほんのり皮の苦味を楽しめる。

そうそう、ここには無料Ｗｉ－Ｆｉもあるので、旅行者にはありがたいね。ぜひ、福岡ならではの屋台で、旅の最高の思い出を作ってほしい

Shop Data

(住) 福岡市中央区天神4-2-1
(☎) 090-3735-4939
(営) 19:00～24:00(LO23:30)、
金曜日・土曜日19:00～翌1:00(LO24:30)
(休) 雨天時、不定休
(席) 13席

(交) 天神駅より徒歩8分
○ カード／可
○ コース／なし
○ アラカルト／あり
○ 平均客単価／2500円

福岡には隠れた名店が山ほどある!

食べて、飲んで、
笑顔になって

デビ高橋

まだまだおいしい
オススメの
新50店

え?　もうおなかいっぱいになったん?
食事のあとに行けるバーもピックアップしたので、
深夜までおいしい街・福岡に
どっぷりハマってください。

中央区・白金
居酒屋

いのや。白金店

#子連れOK

自家製柚子胡椒とシンプルな炭火焼き 香りと刺激を楽しんで

2023年11月に白金にオープンしたこの店は、朝倉にある自家製柚子胡椒専門店『柚商いのや』が手がける居酒屋だ。店内は、木をふんだんに使った和のデザインとなっている。料理はアラカルトで食べることもできるが、10品くらいの料理をちょこちょこ食べられる「おまかせコース」(6600円) がオススメ。肉や魚、野菜を炭火で焼き、それぞれに合う柚子胡椒でシンプルにいただけるよ。柚子胡椒のバリエーションをこんなに楽しめるのは、自家製柚子胡椒専門店ならではだ。掘りごたつの席もあり、子連れOKなのはうれしいね。

Shop Data

㊟福岡市中央区白金2-11-30 コープオリンピア平尾1F
✆092-791-7718
㊔17:00〜23:00 (LO22:00)
㊡不定休
㊢30席
㊦西鉄平尾駅より徒歩7分
◯カード/可
◯コース/あり
◯アラカルト/あり
◯平均客単価/6000〜8000円

中央区・高砂
居酒屋

鶏おでんと出汁割り日本酒 ふぁるこ

#飲み会

名物鶏ダシおでんと 出汁割り日本酒の組み合わせは最高

鶏ガラを1日かけて炊いた、鶏白湯スープと香味野菜がベースのダシはあっさりした味。薬味に柚子胡椒やラー油、自家製ニンニク味噌があるので、好みの味にできるよ。おでんは18種類あり、「おまかせ5種盛り合せ」(2人前1100円) と茨城県産「涸沼《ひぬま》しじみの出汁割り日本酒」(600円) の組み合わせは最高だ。体に優しい「出汁割り日本酒」は、罪悪感がないので、スイスイ飲めてしまうよ。ここは日本酒が2種類付いた飲み放題付きコース (4人〜) もあり、7品で価格は5500円。12人から貸切りもできる。

Shop Data

㊟福岡市中央区高砂1-22-7
✆092-525-1077
㊔18:00〜翌3:00(LO翌2:00)
㊡不定休 (Instagramにて更新)
㊢22席
㊦薬院駅より徒歩6分
◯カード/可
◯コース/あり
◯アラカルト/あり
◯平均客単価/4000〜5000円

博多区・博多駅前
居酒屋

とりやき酒場　鶏ん家 博多駅前店

#飲み会

九州産の銘柄鶏「華味鳥」を使った「とり焼肉」が安くて旨い

九州産の銘柄鶏「華味鳥」を使った「とりやき」の店で、「特製つくね」や「むね肉のねぎ塩焼き」がオススメ。実はこれらが入った「120分飲み放題付きコース」が4000円～とお得すぎるのだ。「華味鳥の鉄板焼き」や、とり焼肉5種「むね肉のねぎ塩焼き」「特製つくね」「せせりの香草焼き」「ヤンニョムカルビ」「鶏塩ホルモン」など11品を堪能できる。安くて旨いと幸せな気分になれるね。人気店なので予約は必須です。ちなみにランチは、暖簾が『博多鶏らーめん とりこ堂』に変わり、博多鶏ラーメンを食べることができる。

Shop Data

㊟福岡市博多区博多駅前3-7-3 皐月マンション1F
092-292-0070
㊖17：00～24：00（LO23：00）、
　土曜日・日曜日・祝日16：00～23：00（LO22：00）
㊡年末年始
(席)34席
(交)博多駅西24番出口より徒歩4分
○カード／可
○コース／あり　○アラカルト／あり
○平均客単価／3500～3600円

中央区・谷
居酒屋

台所タカマチ

#お一人様

ランチビールに呼び寄せられオジサンも来たくなるおしゃれ空間

「和牛炭焼サンドイッチ」（1848円）は、レアに焼かれた和牛の断面が抜群に旨そうな一番人気のメニュー。3種類ほどある土鍋ご飯は、どれも具だくさんで、こちらも人気。ランチも営業しており、「お刺身の胡麻和え」や「チキン南蛮」など10種類ほどのおかずから2種が選べる「炊きたて土鍋炊きご飯と手作りおかずの選べる定食」（1400円）には、ランチビールまで無料で付いてくるなんて最高やん。料理はどれもきれいに盛り付けられているし、天井にはドライフラワーが吊り下げられたおしゃれな空間だから、女子ウケ間違いなしやね。

Shop Data

㊟福岡市中央区谷1-13-20
092-406-8646
㊖12：00～15：00（最終入店14：00）、
　17：00～22：00（LO21：00）
㊡不定休
(席)22席
(交)六本松駅より徒歩3分
○カード／可
○コース／あり　○アラカルト／あり
○平均客単価／4500～5500円

中央区・渡辺通
居酒屋

三原豆腐店 別館

#お一人様

あの超人気店の2号店がオープン！昼に定食を食べられるよ

2024年3月にオープンしたこの店は、あの超人気店『三原豆腐店』の2号店だから、すぐに人気店になった。ランチ営業もしているので、なかなか夜に来店できない人にはありがたいね。ランチの別館定食「とうめし」は、鯛のほぐし身がのった「豆腐丼」と「ふどん（豆乳ダシのうどん）」「おからポテサラ」付きで1500円。絶妙な味付けの豆腐は、自然の甘味があっておいしい。黒七味で味変するのもいいね。「ふどん」も豆乳ダシがいい塩梅で、ちょいモチのうどんと合うのだ。胡麻油と青唐辛子の薬味で味変できるのも楽しい。

Shop Data

㊟福岡市中央区渡辺通3-6-32 佐竹会館
✆092-406-6090
㊋11：00～15：00（LO14：30）、16：30～22：00（LO21：30）、土曜日・日曜日・祝日の夜は～21：00（LO20：30）
㊡月曜日（祝日の場合翌日）、不定休
㊢27席
㊣渡辺通駅より徒歩4分
○カード／可
○コース／あり　○アラカルト／あり
○平均客単価／昼1500円、夜5500円

中央区・春吉
和食

かねかつ食堂

#旅行

福岡に来たら、市場にある食堂で朝食から贅沢してしまおう

旅行で福岡に来たら、朝から柳橋連合市場に行ってみて。市場の雰囲気を味わったあとに、「伊勢海老と鮑の天丼」（3600円）や「極上海鮮丼」（2800円）、「和豚ロースヒレ御膳」（2200円）などで贅沢してしまおう。いつでも伊勢エビの天丼が食べられるのは珍しいし、朝からトンカツが食べられる店もなかなかないよ。「伊勢海老と鮑の天丼」の伊勢エビは半身を天ぷらにしたもので、食べ応え十分。アワビの天ぷらもついていて幸せな気分になれるね。酒も飲めるので、「お刺身盛り合わせ」（2000円）を頼めば、朝から最高だ。

Shop Data

㊟福岡市中央区春吉1-3-2 柳橋連合市場内
✆092-406-9079
㊋9：00～14：00（LO13：30）
㊡不定休
㊢28席
㊣渡辺通駅より徒歩7分
○カード／不可
○コース／なし
○アラカルト／あり
○平均客単価／2500円

中央区・警固
和食

大阪料理と串揚げ・ワインのお店 Cuisine《キュイジーヌ》 d'《ド》Osaka《オオサカ》

#飲み会

福岡の食材×大阪料理の技術「串揚げ」は最高のコラボ

常に挑戦し続ける人・大重洋平シェフが、次に選んだのは大阪の食文化「串揚げ」だ。自ら大阪の繁盛店『Cuisine d'Osaka Ryo』に修業に入り、技を極めて福岡に帰ってきた。どうやらおいしさの秘密は、衣にあるらしい。できるだけ軽く仕上げるようにしているが、コクも残すように食材によって衣の厚みを変えているのだとか。コースは「串揚げと和食のコース」(12000円)と「串揚げコース STOP 制」(5500円〜)の2種類。どちらも食材が豪華で盛り付けもおしゃれだから、きっと満足するに違いない。

Shop Data

㊟福岡市中央区警固1-8-20
✆092-791-9490
㊢17:00〜23:00(LO21:00)
㊡水曜日
㊛14席
㊝薬院大通駅より徒歩5分
◯カード／可
◯コース／あり
◯アラカルト／なし
◯平均客単価／15000円

早良区・西新
和食

そば処 テツ美

#お一人様

アテの種類が豊富なそば店でいつでもゆっくりひとり飲み

「そば前盛り合わせ」(1078円)は、彩りがきれいなアテの盛り合わせだから、酒が進むよ。締めはやっぱり「名物板そば」(1155円)やね。食事を楽しむなら、そばと季節の天ぷらや親子丼まで付いている「テツ美蕎麦御膳」(2420円)がお得だ。そばは室見にある『多め勢』から指導を受けており、そば粉は信州産のもの。昼12時から夜9時まで休みなしの通し営業だし(水曜日は除く)、豆皿料理の種類も豊富だから、1人で昼飲みもできる。ラフロイグ10年のハイボールやクラフトジン「OSUZU」など、酒のラインナップが個性的だ。

Shop Data

㊟福岡市早良区西新4-7-10 西川ビル1F
✆092-284-2203
㊢12:00〜21:00(LO)、水曜日12:00〜15:00(LO14:00)、18:00〜21:00(LO)
㊡不定休
㊛24席
㊝西新駅より徒歩2分
◯カード／可
◯コース／なし　◯アラカルト／あり
◯平均客単価／3500円

中央区・警固
和食

トンカツと酒イトウ

#デート

まるでバーのような雰囲気の店でトンカツをつまみながら酒を楽しむ

ゆっくり酒を飲みながらトンカツを楽しむというコンセプトの店。豚は上品な味わいの「霧島山麓豚」を使用。トンカツを70g、140g…と、70g単位でオーダーできるので、少しずついろいろなメニューを食べることができる。揚げる時に使う油を米油にすることで素材の味をストレートに味わうことができ、重たくないので酒に合うのだ。「京都のほうじ茶とジンのサワー」や「和三盆と国産レモンのサワー」など、ほかにはないような酒があるのも楽しい。締めには生姜と発酵バターが効いた「発酵バターとカラスミのお蕎麦」(800円)もある。

Shop Data

㊟福岡市中央区警固2-13-7 オークビル2 1F
✆092-722-0222
㊢18:00〜翌1:00
㊡不定休
㊫15席
㊦薬院大通駅より徒歩8分
◯カード／可
◯コース／なし
◯アラカルト／あり
◯平均客単価／7000円

中央区・西中洲
寿司

鮨たがみ

#記念日

中洲を眺めながら食べる旨い寿司は記念日にピッタリ

東区香椎照葉にある『照鮨《てるずし》』の姉妹店で、伊勢エビやワタリガニ、黒アワビ、ウニなど、『照鮨』よりもワンランク上の豪華な食材を使用している。カウンター席からは、那珂川や天神中央公園を見ることができる。昼は大きな窓から射し込む光が明るくて気持ちがいい。夜は夜景がきれいで、ロマンティックな雰囲気だ。店主の田上一成さんは、サービス精神旺盛だから、初めての人でも気持ちよく過ごせるに違いない。要予約だが、昼も夜も営業していて、価格は20000円〜。一品料理(7品くらい)と握り(10貫くらい)が交互に提供されるスタイルだ。

Shop Data

㊟福岡市中央区西中洲4-17 であい橋ビル3F
✆050-3176-1333
㊢11:00〜15:00(LO14:00)、18:00〜22:00(LO21:00)
㊡日曜日、お盆、年末年始
㊫16席
㊦中洲川端駅より徒歩4分
◯カード／可
◯コース／あり(お任せコース20000円のみ)
◯アラカルト／なし
◯平均客単価／23000〜25000円

城南区・別府
寿司

村庄寿司

#お一人様

コースでもアラカルトでも！ 気軽に楽しめる町の寿司屋

地元の人に愛されている寿司店で、創業して48年くらいになるらしい。場所は、地下鉄茶山駅から徒歩8分の住宅街の中。大将の島田雅弘さんは元ラガーマンだから、体がデカくて迫力があるが、話しかければ気さくに返してくれるので、1人でも気軽に来られるよ。ランチメニューは2種類で、1870円と2960円のお手ごろ価格。2960円の方には、上にぎり6貫、茶碗蒸し、太巻4貫、いなり2つが付いていて、ボリュームがある。昼でも夜のメニューを食べることができるので、アラカルトでちょこちょこつまみながら、昼飲みもOK。

Shop Data

㊟福岡市城南区別府7-7-11
✆092-831-0567
㊌11：00〜14：30（LO14：00）、17：00〜22：00（LO21：30）
㊡火曜日、水曜日
㊢25席
㊋茶山駅より徒歩8分
◯カード／不可
◯コース／あり　◯アラカルト／あり
◯平均客単価／8000円

中央区・草香江
焼鳥

焼鳥 ことりこ

#飲み会

締めに土鍋ご飯や醤油ラーメン 1軒で完結できてありがたい

『焼きとりの とりこ』や『炭焼き とりこ』の姉妹店で、カウンター9席とテーブル8席の小さな店。「とり肝」（198円）は絶妙な焼き加減で、なめらかでクリーミーな食感。「霧島山麓豚の豚バラ」（242円）や名物の「ジャンボレタス巻き」（550円）もついつい頼んでしまうね。オーナーの金子敏之さんが自ら焼いてくれるので旨いに決まっている。締めに土鍋ご飯や「醤油ラーメン」（748円）があるのはうれしい。「醤油ラーメン」はブレンドした3種類の醤油と鶏油《チーユ》が特徴的で、低温調理の柔らかいチャーシューと半熟煮玉子が旨い。

Shop Data

㊟福岡市中央区草香江1-4-3 草香江楢原ビル1F
✆092-791-7593
㊌17：00〜24：00（LO23：30）
㊡不定休
㊢17席
㊋六本松駅より徒歩4分
◯カード／可
◯コース／あり
◯アラカルト／あり
◯平均客単価／5000円

中央区・六本松
焼鳥

焼とりの八兵衛RPM

#子連れOK

昼飲みも子連れもOK！ 人気焼鳥店が六本松にやってきた

人気焼鳥店『焼とりの八兵衛』が六本松に進出。店名のRPMは六本松という意味らしい。ここは、昼12時から焼鳥で昼飲みができるのだ。八兵衛といえば「豚バラ」（1本250円※注文は2本～）といっても過言ではないので、これは必食だよ。「明太チーズ山芋鉄板」（780円）は、フワとろでしっかりした味付けだから酒がすすむ。個人的には「骨なし手羽塩」（330円）がめちゃお気に入りだ。迷ったら「串おまかせ5種盛」（1人前1480円）がオススメ。ノンアルコールドリンクも充実していて、子連れもOKだからママ友の集まりにもピッタリ。

Shop Data

㊟福岡市中央区六本松4-9-31
✆092-406-3858
㊫12：00～22：00（LO21：30）
㊡水曜日（月1回火曜・水曜連休あり）
㊢31席
㊕六本松駅より徒歩3分
○カード／可
○コース／なし
○アラカルト／あり
○平均客単価／4000円

博多区・住吉
焼鳥

やきとり 稲田

#飲み会

食べログ焼き鳥百名店2024にも選出 「天草大王」の希少部位が食べられる

熊本県のブランド地鶏「天草大王」の焼鳥が食べられる店。店主の稲田嗣大さんは、有名店『焼とりの八兵衛』で13年勤めたのち、2014年11月にこの店をオープンした。ここでは「天草大王」を丸鶏で仕入れているので、「白キモ」（429円）やジューシーな「ソリレス」（429円）など8種類の希少部位を食べることができる。そのほか、新鮮な「朝びき鶏」や「豚バラ」なども旨い。締めにはコラーゲンたっぷりな「大王スープ茶漬け」（748円）がオススメ。飲み会の時は、一品料理や串物7種が付いたコース（4400円～）がある。

Shop Data

㊟福岡市博多区住吉3-5-3
✆092-261-3966
㊫17：00～23：30（LO23：00）
㊡不定休
㊢25席
㊕櫛田神社前駅より徒歩11分
○カード／可
○コース／あり
○アラカルト／あり
○平均客単価／6000円

博多区・上呉服町
焼鳥

焼鳥 たんべ

#子連れOK

「こだわりのレバー焼」がバリ旨！日焼けした話し上手な店主がいる店

佐世保の老舗焼鳥店『鳥きん』で修業した店主の丹部隆二さんが焼く「こだわりのレバー焼」(420円) はクサみがなくてバリ旨。レアな感じがたまらない。冷凍していない生ミンチを使った「自家製つくね」(200円) はキクラゲの食感が楽しいよ。締めの「そぼろ丼 (スープ・玉子付き)」(870円) は、甘めの味付けでしっとりしている。丹部さんの軽快なトークを聞きたい人はカウンター席がオススメ。まるでスナックにいるような錯覚に陥るかもしれない。広い座敷もあるので大人数でも大丈夫だし、子連れOKなのは助かるね。

Shop Data

㊟福岡市博多区上呉服町10-29
✆080-4284-5200
㊢18：00～23：00 (LO22：00)
㊡日曜日、祝日
㊫35席
㊕呉服町駅より徒歩2分
◯カード／不可
◯コース／あり
◯アラカルト／あり
◯平均客単価／4000円

中央区・舞鶴
鍋

此乃美 舞鶴本店

#飲み会

「串ホルモン」が名物の店だが実は「水炊き風もつ鍋」も旨い

1994年創業の「串ホルモン」が名物の店。秘伝の味噌スープに浸かった「串ホルモン」(350円) は、九州産黒毛和牛の小腸、ハツ、ギアラ、センマイを串にしたもので、小腸はプリプリででかい。実はこの小腸を使った「水炊き風もつ鍋」(2人前3300円) も人気。九州産の鶏と水で炊いたスープはあっさりしており、長崎県五島産の藻塩や、柚子胡椒、自家製ポン酢で、自分好みの味付けにできる。旨いダシが出る「宮崎県産原木椎茸」(550円) を追加するのがポイントだよ。内緒だが、6600円の飲み放題付きコースがある。

Shop Data

㊟福岡市中央区舞鶴1-3-5
✆092-732-8241
㊢17:00～23:00(LO22:30)
㊡日曜日、不定休
㊫21席
㊕天神駅より徒歩9分
◯カード／なし
◯コース／あり
◯アラカルト／あり
◯平均客単価／6000円

中央区・桜坂
鍋

すき焼き ほほほ

#会食

すき焼きと焼肉を一度に食べられる会食にぴったりな大人の雰囲気

桜坂駅から徒歩1分のところにあるこの店では、すき焼きと焼肉の両方が食べられるのだ。店内はコの字カウンター16席の落ち着いた雰囲気。コースは3種類あり、13000円のコースは、黒毛和牛の刺身や白センマイ刺、和牛ユッケのブルスケッタの一品料理が出されたあとに、黒毛和牛のタンやヒレを焼いてもらえる。塊りのまま焼かれるタンやヒレは贅沢すぎるね。すき焼きのリブロースとサーロインは、その場でスライサーで切ってくれるのでワクワクする。やっぱり目の前で調理してもらえると盛り上がるね。ツル友の本村正則さんもいるよ。

Shop Data

㊟福岡市中央区桜坂3-8-40 VITA桜坂2F
✆092-600-2909
㋹18：00～23：00（LO22：00）、土曜日12：00～18：00（LO17：00）、18：00～23：00（LO22：00）
㊡日曜日
㊢16席
㊦桜坂駅より徒歩2分
◯カード／可
◯コース／あり　◯アラカルト／なし
◯平均客単価／13000円

中央区・春吉
鍋

もつ鍋 なかむら

#お一人様

レトロな店内にジャズが流れるそんなモツ鍋店が妙に落ち着く

ここは1982年創業の、レトロな雰囲気のモツ鍋店だ。BGMはジャズがかかっていてしゃれている。2022年に現店主の福井勇亮さんが、先代から店と味を引き継いだ。醤油味の「もつ鍋」（1人前1400円）には7種類のモツが入っているが、脂の多い部位を使っていないので、あっさりしていていくらでも食べられそうだ。スープはニンニクも入っていて、しっかりした味付け。1人前から注文OKなのもありがたいね。トロトロ食感の「朝引き鶏肝炙り」（800円）もオススメ。やっぱり締めは「ちゃんぽんめん」（300円）やね。

Shop Data

㊟福岡市中央区春吉3-12-16
✆092-714-6712
㋹17：30～24：00（LO23：00）
㊡日曜日（祝日の場合翌日）
㊢23席
㊦天神南駅より徒歩5分
◯カード／可
◯コース／あり
◯アラカルト／あり
◯平均客単価／4500～5000円

中央区・渡辺通
鍋

めんくいや 薬院本店

#飲み会

珍しい豚骨スープのモツ鍋で県外からのお客をおもてなし

県外から遊びに来た友人から、モツ鍋が食べたいと言われたら、ここがオススメ。モツ鍋といえば、一般的には醤油味や味噌味のスープが多いのだが、ここの「豚骨もつ鍋」（1600円）は、豚骨ラーメンのスープだから珍しいよ。しかも昼でも食べることができるので、昼飲みもできてしまうのだ。1人前から注文OKで、モツはプリプリだし量もたっぷり。もともと1980年創業のラーメンの店だから、そのスープがベースになっているようだ。今は3代目の山羽泰智さんが頑張っているので、締めの「博多ラーメン」（700円）も食べてくださいね。

Shop Data

㊟福岡市中央区渡辺通2-3-27 待鳥ビル1F
✆092-712-9551
㊱11：00～24：00、
土曜日・日曜日・祝日11：00～23：00
㊡なし
㊥36席
㊕渡辺通駅より徒歩4分
○カード／不可
○コース／なし　○アラカルト／あり
○平均客単価／昼800円、夜2000円

中央区・警固
肉料理

avió《アヴィオ》

#デート

『グリリア ディ ガエターノ』出身のシェフは肉の火入れが抜群に上手い

店内が『グリリア ディ ガエターノ』を思い出させるテイストで、シックで落ち着いた雰囲気。L字カウンター席10席とテーブル席6席のコンパクトな空間は居心地がいい。まずは「前菜盛り合わせ」を頼んで、会話を楽しみながら、次の料理をゆっくり考えてもいい。オーナーの坂田直樹さんは、炭火焼きの肉の火入れ具合が抜群に上手いので、牛や豚、鹿などのグリルは必ず頼んでくださいね。初めて食べた人はきっとびっくりするに違いない。デザートには卵型のティラミスをチョイスして。事前予約で、6品が付いた10000円～のコースもある。

Shop Data

㊟福岡市中央区警固2-2-11 シャンボール警固1F
✆092-406-8515
㊱17：00～23：00（LO22：00）
㊡日曜日※月2回月曜日も休み
㊥16席
㊕薬院大通駅より徒歩8分
○カード／可
○コース／あり
○アラカルト／あり
○平均客単価／12000円

中央区・平尾
肉料理

炭火焼肉バル AGITO HIRAO

#デート

カジュアルに焼肉が食べられて映えるメニューもある人気店

「すごい厚切りタン」(3289円)はボリュームがあって、見た目のインパクトがすごい！ ツヤツヤしたUS極厚タンのサクサクした食感がクセになる、必食のメニューだよ。人気なのは、シンシンやウチモモ、クリミ、カイノミなどの希少部位が入った「希少部位おまかせ4種盛り」(3289円) だ。締めもぜひ食べてほしい。「盛岡冷麺」(1199円) は、岩手県の盛岡から直送された麺のコシがすごいよ。「エビンバ」(1529円) はビビンバご飯の上にエビがたっぷりのっているので、エビ好きにはたまらんね。

Shop Data

㊟福岡市中央区平尾2-15-1
✆092-707-2989
㊋16：00～翌1：00（LO24：00）
㊡日曜日、月曜日
㊢25席
㊛西鉄平尾駅より徒歩3分
◯カード／可
◯コース／なし
◯アラカルト／あり
◯平均客単価／6000円

中央区・薬院
肉料理

焼肉長介

#飲み会

うどん居酒屋が焼肉店をオープンこれがなかなか本格的で旨いのよ

うどん居酒屋で有名な『ニ◯加屋長介』の新店は、なんと焼肉店だった。どうやら、焼肉店をやることがオーナーの玉置康雄さんの念願だったらしい。ここには肉のプロたちが集まっているので、肉は間違いないよ。タブレットで注文するスタイルだが、カウンター席なら目の前のスタッフに好みを伝えれば、要望を聞いてくれるのもうれしい。「牛焼肉5種盛り合わせ」(2人前3080円) がオススメだよ。締めに「すだちかけうどん」(990円) があるのは、うどん居酒屋ならではやね。食後には、ジュラルミンケースから高級アイスが出てくる遊び心もさすが。

Shop Data

㊟福岡市中央区薬院2-1-8 リアン薬院ビル7F
✆092-707-3290
㊋16：00～24：00（LO23：00）
㊡不定休
㊢25席
㊛薬院大通駅より徒歩2分
◯カード／可
◯コース／あり
◯アラカルト／あり
◯平均客単価／7000円

中央区・桜坂
洋食

欧風料理 典《てん》

#記念日

老舗フレンチ『博多 和田門』の味を継承する店。うれしい全席個室

老舗フレンチレストラン『博多 和田門』の3代目だった松尾龍典さんが新たにオープンした店。店内は雰囲気もよく、全席個室なので、落ち着いて料理や会話が楽しめるよ。料理はコースでもアラカルトでも注文できる。「生ウニのコンソメジュレ」(6600円)や「特選牛肉のたたき」(4200円)など『和田門』の人気メニューがあるので懐かしい。熱々の鉄板で提供される「元祖レモンステーキ」(4120円)も健在だ。土曜日だけランチ営業しており、上皇さまも召し上がった「スペシャルビーフカレー」(1540円)も食べられる。

Shop Data

㊟福岡市中央区桜坂3-8-40 1F
✆092-738-0515
㊖17:30～22:00 (LO21:00)、土曜日11:30～14:00 (LO13:30)、18:00～22:00 (LO21:00)
㊡日曜日、第1・3月曜日
㊢18席
㊋桜坂駅より徒歩2分
○カード／可
○コース／あり　○アラカルト／あり
○平均客単価／20000円

中央区・渡辺通
洋食

炭焼きスペイン料理 Aire《アイレ》

#飲み会

ちょっと珍しいスペイン料理の店 旨味が染みたパエリアは必食だよ

ミシュラン1つ星のスペインのレストランで修業した店主の伊藤貴光さんが、日本人の好みに合うように進化させたスペイン料理を提供してくれる。まずは「5種のタパス盛り合わせ」(1人前1298円※写真は5人前)で乾杯しよう。おすすめメニューの一つ「魚介のパエリア」(2人前3740円)は、鯛のお頭がのっていて迫力があるね。魚介や野菜の旨味が染み込んだ米がたまらない。6名以上なら7000円の飲み放題付コース(12品)もある。「オードブルセット」(5980円)のテイクアウトもやっているので、自宅でのパーティにもいいね。

Shop Data

㊟福岡市中央区渡辺通3-6-24 WING天神南1F
✆092-519-3193
㊖17:00～24:00 (LO23:00)
㊡水曜日、第1・第3火曜日
㊢20席
㊋渡辺通駅より徒歩4分
○カード／可
○コース／あり
○アラカルト／あり
○平均客単価／6000～7000円

中央区・西中洲
洋食

nishinakasu 泥川《どろかわ》武士《たけし》

#デート

一度出した料理は二度は出さない 強いこだわりをもったシェフ

ここは西中洲にあるマンションの1階のちょっと奥まったところにあって、入口がわかりづらく隠れ家的。店内はカウンター席7席で、木を基調としたスタイリッシュなデザイン。イタリア料理店ということになっているが、提供される料理は中華、エスニック、和食の要素がふんだんに取り入れられていて、イタリア料理の範疇を超えている。店主の泥川武士さんは、イタリア料理に始まり、精肉店やケーキ店などいろいろな業種を経験しているからこそ、このようなスタイルの料理を生み出せるのかもしれない。料理は8品の22000円～のコースのみ。

Shop Data

㊟福岡市中央区西中洲5-6 西中洲コーポ1F
☏092-982-3344
㊖18:00～19:30（最終入店）
㊡日曜日
㊢7席
㊜天神南駅より徒歩5分
◯カード／可
◯コース／あり
◯アラカルト／なし
◯平均客単価／30000円

中央区・今泉
中華

福新楼

#子連れOK

「博多皿うどん」発祥の店 親子3世代で食べたい中華の老舗

ここはなんと明治34年創業の老舗中華料理店で、「博多皿うどん」発祥の店。「博多皿うどん」（1320円）とは、いわゆる細麺パリパリの長崎皿うどんとは異なり、焼きちゃんぽんのようなイメージだ。太めの麺を油で焼き固め、鶏ガラスープを吸わせているのでしっかりと味が付いており、もちもちとした食感も楽しめる。人気の「豚バラスライス団子の黒酢煮」（1870円）は、豚バラスライスをミルフィーユ状に固めたもので、外側はカリッとしているが、中は柔らかく、子供もお年寄りも食べやすい優しい一品。これからも末永く続いてほしい中華店だ。

Shop Data

㊟福岡市中央区今泉1-17-8
☏092-771-3141
㊖11:30～21:30（LO20:30）
㊡火曜日、年末年始
㊢280席
㊜西鉄福岡（天神）駅より徒歩6分
◯カード／可
◯コース／あり
◯アラカルト／あり
◯平均客単価／ランチ2000円、ディナー4000円

中央区・平尾
中華

MANDARIN

#お一人様

**中華の立ち飲みは珍しい！
本格的な中華料理のシェフがいる店**

西鉄平尾駅から徒歩5分のマンションの1階にある中華の立ち飲み酒場。以前、警固にあった『マンダリン マーケット』のオーナーシェフの山北裕児さんが腕を振るっている。16人くらいは入れる約5坪の店内は、連日大人気でお客でギュウギュウだ。「胡椒焼売」（1個200円）など、1皿500円前後の中華おつまみが中心の小皿料理なので、お一人様でも楽しめる。料理はその日の仕込みにもよるが、運がよければ土鍋で提供される熱々の「麻婆豆腐」（770円～）も食べられるかも。実は店の外に4人だけ座れるテラス席があって、オジサンはこちらが好きなはず。

Shop Data

㊟福岡市中央区平尾2-21-18 トーカンマンション平尾1F
✆092-284-7686（予約不可）
㊖18：00～23：00
㊡日曜日
㊢16席※スタンディング（テラス席あり）
㊦西鉄平尾駅より徒歩7分
◯カード／不可
◯コース／なし
◯アラカルト／あり
◯平均客単価／3000～4000円

中央区・六本松
餃子

鍛冶屋餃子

#子連れOK

**餃子とジャッキーチェンが大好きな
店主と奥様とのかけ合いにも注目**

ここは2022年9月に小笹から六本松に移転してきた、仲良しの夫婦が営んでいる店。店主の加治渓太郎さんは、餃子とジャッキーチェンが大好きで、店内にはジャッキーチェンに関係するものがいたるところにちりばめられているが、何の店かわからなくならないように奥様が上手く手綱を引いているようだ。パリッと焼かれた「焼餃子」（6個407円）は、餡にしっかり味が付いているタイプで、ご飯にも酒にも合う。名物の「四川風麻婆豆腐」（902円）は花椒のシビ辛がクセになる。昼は定食だけでなく単品でも食べられるので、昼飲みもできそうだ。

Shop Data

㊟福岡市中央区六本松4-4-12
✆092-791-4436
㊖11：30～14：30（LO14：00）、17：00～22：00（LO21：30）、
土曜日12：00～22：00（LO21：30）、
日曜日12：00～20：30（LO20：00）
㊡月曜日、不定休
㊢12席
㊦六本松駅より徒歩6分
◯カード／不可　◯コース／なし　◯アラカルト／あり
◯平均客単価／1500～2500円

中央区・大名
餃子

餃子のラスベガス

#子連れOK

2倍楽しめちゃう裏技アリ！人気店に併設する餃子居酒屋

「焼餃子」（5個583円）は、ちょっと大きめで、餡もたっぷりで肉感があり、程よくもちっと、ほどよくカリっとしていてバランスがいい。2018年のオープン当初のものとは変わっていて、常に進化し続けているイメージだ。肝心の裏技だが、店に入って奥にある階段を上がると、子供もOKな8～10人座れる個室がある。ここだけは、なんと『餃子のラスベガス』と『Yorgo』の両方のメニューを食べることができるのだ。電話で予約する時に、2階で『Yorgo』のメニューも食べられる場所が希望と伝えると案内してくれるよ。

Shop Data

㊟福岡市中央区大名1-2-15 GF SQUARE大名1F
✆092-707-3898
㊇17：00～24：00（LO23：00）、
土曜日・日曜日・祝日16：00～24：00（LO23：00）
㊡不定休
㊕50席
㊯西鉄福岡（天神）駅より徒歩9分
◯カード／可
◯コース／なし　◯アラカルト／あり
◯平均客単価／3000円

博多区・東比恵
餃子

水餃子と胡椒シュウマイの二兎

#飲み会

人気の『COMATSU』グループと『MANDARIN』のコラボ店が熱い

ここはカジュアルな中華居酒屋で、焼餃子や水餃子、焼売などの点心が旨いと評判の店。定番の「焼餃子」（10個580円）は、焼き目はパリッと、皮は薄くてモチモチ。餡は野菜多めで軽いから何個でも食べられそうだ。エビ入り「手包み水餃子」（4個480円）は、手作りのしっかりした皮を楽しんでほしい。人気の「胡椒焼売」（1個200円）は、店長の小野勝規さんが胡椒の量を間違えてできた偶然の産物。人気メニューが入った2750円のコースもある。深夜2時まで営業しているので、遅い時間にまだ飲み足りないという人にもオススメだ。

Shop Data

㊟福岡市博多区東比恵1-5-5 THE RISE八重洲1F
✆092-477-3315
㊇18：00～翌2：00（LO翌1：00）
㊡不定休
㊕40席
㊯東比恵駅より徒歩2分
◯カード／可
◯コース／あり
◯アラカルト／あり
◯平均客単価／3000～3500円

路地裏カレー Tiki

中央区・渡辺通

カレー

#お一人様

古民家を改装した店舗で
スパイスが効いたカレーを堪能

福岡のスパイスカレーブームの火付け役になった店の一つ。店主のトシさんは、朝5時から店で仕込みをする生活をかれこれ12年も続けているそうだ。メニューは「スパイシーチキンカレー」(1000円)、「スパイスMAXチキンカレー」(1100円)、「ラム＆ピースなキーマカレー」(1300円)、「ポークビンダル」(1300円)の4種類。トシさんオススメの「ポークビンダル」は、豚肩ロースがゴロゴロ入ったスパイス感のすごいカレーで、酸っぱくて辛くてクセになるやつ。以前と比べて盛り付けがおしゃれになっとった。

Shop Data

㊟福岡市中央区渡辺通5-24-38
✆なし
㊔10:30〜14:00※売り切れ次第終了
㊡日曜日
㊢26席
㊦天神南駅より徒歩1分
○カード／不可
○コース／なし
○アラカルト／あり
○平均客単価／1200円

ママカリー

中央区・高砂

カレー

#お一人様

ガイアナ共和国と日本のハーフの
店主が作るスパイシーで優しい味

ここのカレーは、ガイアナ共和国で食べられている家庭のカレーで、店主のエミコさんのお母さんがいつも作ってくれていたものなのだ。一番人気のチキンとキーマの「あいがけカレー」(1100円)はシャバシャバ系のスープカレーで、スパイシーだが優しい味。ガイアナ共和国では子供でもこれを食べているらしい。裏メニューの「スパイスカレーラーメン」はライス付きで1100円。細麺とライスで二度楽しめるのはいいね。これは夜限定で昼は食べられんよ。辛いのが好きな人には、ハバネロを使った「ホットスパイス」(100円)もある。

Shop Data

㊟福岡市中央区高砂2-13-6
✆092-791-8844
㊔11:00〜15:00(LO14:30)、18:00〜21:30(LO21:00)※ディナーは月曜日、火曜日、木曜日、土曜日のみ(ほか曜日についてはInstagramで更新)
㊡水曜日
㊢15席
㊦西鉄平尾駅より徒歩15分
○カード／不可　○コース／なし　○アラカルト／あり
○平均客単価／1300円

中央区・六本松
カレー

六本松カレチネ

＃お一人様

現地の味に限りなく近い
南インドのスパイシーなカレー

南インドカレーはスープ状でサラッとしていて、酸味や辛味が強いのが特徴だ。バスマティライスにクミンを加えたジーラライスを使用しており、最初にレモンをかけて、ジーラライスだけの味を楽しんでほしい。カレーは2種盛りや3種盛りもできる。「南のチキンカリー」と「シン・ポークビンダルー」の2種盛りは1500円で、「南のチキンカリー」は仕上げに青唐辛子を使っているのでまぁまぁ辛い。「シン・ポークビンダルー」は、店主の薬師寺洋一さんが、実際にインド西海岸のゴア地方に行って確かめたもの。酢漬けの豚肉は柔らかく、独特の酸味があるよ。

Shop Data

㊟福岡市中央区六本松4-1-1 井山ビル102
Ⓒ092-724-4115
㊎11:30〜15:00(LO14:30)
日曜日・祝日11:30〜16:00(LO15:30)、
夜営業(不定)18:00〜21:00(LO20:30)
㊡水曜日
㊫10席
㊇六本松駅より徒歩4分
○カード／なし　○コース／なし　○アラカルト／あり
○平均客単価／1500円

南区・清水
カレー

タマガワカリードットコム

＃子連れOK

トークがオモロい夫婦がやっている
クセになるインドカレーの店

ここは抗生物質未使用の「糸島の雫oneポーク」をメインに使った「ポークビンダルー」(1300円) が定番の店。黒酢、リンゴ酢とスパイスで豚のスペアリブを煮込んだカレーは、酸っぱくて、辛くて、旨いからクセになるね。「2種の合いがけ」(1500円) や「3種の合いがけ」(1800円) もできるし、ライスやルーの量、トッピングも細かくカスタマイズできるので自分好みのカレーを食べられるのだ。夫婦のトークもオモロいから、こちらもクセになるらしく、常連客が多いようだ。子連れOKで、「キッズカリー」もある。

Shop Data

㊟福岡市南区清水1-24-18 玉川ビル105B
Ⓒ080-3376-4382
㊎11:30〜14:30(LO14:00)、
18:00〜20:30(LO20:00)、
木曜日・金曜日11:30〜14:30(LO14:00)
㊡日曜日、月曜日
㊫11席
㊇高宮駅より徒歩9分
○カード／不可　○コース／なし　○アラカルト／あり
○平均客単価／1300〜1400円

中央区・今泉
ラーメン

麺屋我ガ 天神店

#お一人様

まろやかなスープと極細麺の〝小郡系〟ラーメンが天神に

ここは2022年8月にオープンした店で、本店は小郡にあり、辛味タレが特徴的な〝小郡系〟ラーメンの一つだ。豚骨を21時間以上かけて炊き込んだスープは、臭みがなくまろやか。これにオリジナルの自家製ストレート極細麺を合わせている。一番人気は、味付き半熟煮玉子が付いた「味玉らーめん」(1000円) だが、私が好きなのは「らーめん」(850円) に「卵黄」(150円) をトッピングした「月見ラーメン」だ。これはメニューにはないが、誰でも注文できるよ。途中で卵黄を麺に絡めて食べるとたまらんね。

Shop Data

㊟福岡市中央区今泉2-5-6 1F
✆092-732-5658
㊪11:00～24:00 (LO)
㊡不定休
㊕25席※ほか予約可能な6席の個室2室あり (チャージ料1000円)
㊋西鉄福岡 (天神) 駅より徒歩7分
◯カード/可
◯コース/なし ◯アラカルト/あり
◯平均客単価/1200円

博多区・奈良屋町
ラーメン

ICHIYU RAMEN&GYOZA

#お一人様

女性が仕事帰りに軽く一杯飲んでラーメンを食べられる店

店主の中村美樹雄さんが、試行錯誤して独学で完成させた「醤油ラーメン」が人気の店。「煮玉子醤油らーめん」(1000円) は、国産地鶏と乾物で時間をかけて抽出したスープに、全国各地から取り寄せた4種類の醤油を独自配合したカエシを使っていて、口当たりは優しいがコクがある仕上がりになっている。麺は『製麺屋慶史』に特注した多加水の中細麺で、モチッとした食感だ。店内はまるでカフェのような内装で、女性客も多いらしい。仕事帰りに酒を軽く一杯飲んだあとに、ラーメンを食べて帰る女性客もいるのだとか。

Shop Data

㊟福岡市博多区奈良屋町4-1 森ビル1F
✆092-263-1108
㊪11:00～14:30 (LO14:00)、17:30～20:30、土曜日11:00～14:30 (LO14:00)
㊡日曜日、不定休
㊕11席
㊋中洲川端駅より徒歩7分
◯カード/不可
◯コース/なし ◯アラカルト/あり
◯平均客単価/1100円

博多区・博多駅中央街
ラーメン

博多鶏そば TORISOBA TORIDEN

#お一人様

水炊きの名店の鶏白湯ラーメンは上品な味わい。昼でも夜でもOK

とり田プロデュースのラーメン店。「KITTE博多」の地下にあり、博多駅と直結しているので便利だし、通し営業だからランチ難民になった時は助かる。鶏白湯の「鶏そばスペシャル」（1480円）は、まず見た目がきれい。水炊きの製法で仕上げられた鶏100%のスープは濃厚すぎず、上品な味わいで、ツルもちの中太ちぢれ麺を合わせている。鶏ハム、鶏チャーシューも食べ応え十分で、刻み赤タマネギがアクセントに。途中で柚子胡椒で味変するのがオススメ。「麻辣チキン」（450円）などのアラカルトメニューやハッピーアワーもあるので、ちょい飲みもできそうだ。

Shop Data

㊟福岡市博多区博多駅中央街9-1 B1
✆092-452-0920
㊑11：00～23：00（LO22：00）
㊡KITTE博多に準ずる
㊢28席
㊖博多駅より徒歩4分
○カード／可
○コース／なし
○アラカルト／あり
○平均客単価／1500円

博多区・中洲
うどん

岩兵衛

#飲み会

締めにはうどんが最高 おばんざいもあるので1軒目からでも

秋田の稲庭うどんが名物の、中洲にあるうどん居酒屋。おばんざいも10種類くらいあり、ほかに一品料理のメニューも豊富だから、締めだけでなく1軒目からでも利用できるのだ。一番人気は「さくら（さくらえび）」（990円）と「葱鮪（うどん・せいろ）」（1420円）らしい。秋田の人は冬でも冷たいうどんを食べるそうなので、真似をして「葱鮪」のせいろにしてみた。稲庭うどんは手延べの干しうどんで、平たくて細めの麺が特徴。なめらかでコシがあり、つるっとした喉越しが最高。つけ汁は温かくて、マグロとネギがたっぷり入っているよ。

Shop Data

㊟福岡市博多区中洲4-5-1
✆092-281-0134
㊑18：00～翌2：20（LO翌2：00）
㊡日曜日、祝日
㊢26席
㊖中洲川端駅より徒歩3分
○カード／不可
○コース／なし
○アラカルト／あり
○平均客単価／2000～3000円

東区・箱崎
うどん

うどん箱太郎

#お一人様

うどん愛がすごい店主が作る 朝から脂ののった濃厚な一杯

住宅街にある、築70年の古民家を改装した看板もないうどん店で、たどり着くまでにめちゃめちゃ迷うに違いない。それにもかかわらず行列で、建物の中に入ると椅子が並んでいるので、そこに座ってカウンター席が空くのを待つというシステムだ。朝7時から昼11時までの営業だから、朝食か早めの昼食にオススメ。一番人気の「月見うどん」(1200円)は、牛バラ肉やスジ肉がゴロゴロ入った甘く濃厚な一杯。うどんはツルッとしてコシがある。卵黄が濃いオレンジ色をした、大分のブランド卵「蘭王」を途中でうどんに絡ませて食べるとたまらんのよ。

Shop Data

（住）福岡市東区箱崎2-34-8※4月中旬以降、福岡市東区松崎2-4-42に移転予定
（電話）080-8426-9298
（営）7：00～11：00（LO）※売り切れ次第終了
（休）日曜日、月曜日、火曜日
（席）7席
（交）箱崎九大前駅より徒歩4分
○カード／不可
○コース／なし　○アラカルト／あり
○平均客単価／1400円

中央区・渡辺通
屋台

Telas & mico《テラスとミコー》屋台

#旅行

ちょっと目立つおしゃれな屋台は 観光客や女性に連日大人気だ

ここは春吉にある『Telas&mico』の2号店。イギリスの星付きレストランで働いた経験もある久保田鎌介さんが、2017年8月にこの屋台をオープンした。英語が話せる店主がいる屋台は、外国人観光客にもすぐに人気となったようだ。肉系グリルを中心とした多国籍料理が屋台のテーマで、人気メニューは「鉄串3種セット」(1100円)。ペパーミントグリーンに赤のアクセントが入った派手なデザインの屋台は、観光客だけでなく若い女性でも入りやすい雰囲気だ。2022年度にグッドデザイン賞を受賞している。

Shop Data

（住）福岡市中央区渡辺通4-9 Laz福岡天神前
（電話）092-731-4917
（営）18：45～24：00（LO23：45）
（休）日曜日、月曜日※雨天の場合、休みの可能性あり
（席）9席
（席）西鉄福岡（天神）駅より徒歩3分
○カード／不可
○コース／なし
○アラカルト／あり
○平均客単価／1500～2000円

屋台 あごだし亭きさいち

中央区・天神
屋台
#旅行

おでんの屋台で一杯やっていかんね 隣のお客と仲よくなれるよ

福岡に来たらやっぱり屋台に行かんとね。ここはアゴダシのおでん専門の屋台で、なんと！　おでんの種類は31種類もあるのだ。アゴダシは煮干しに比べると雑味が少なく、透き通った味になるらしい。「博多豚バラ巻おでん」（350円）や旬の貝のおでんが人気で、博多の定番「ぎょうざ天」（330円）や、関東のおでんの定番「ちくわぶ」（220円）もある。締めは、アゴダシの「五島うどん」（600円～）がオススメ。「極太ごぼう天」や「しいたけ」「三原豆腐店の幻のあつあげ」など、おでんの具材をトッピングできるのは新しい。

Shop Data

㊟福岡市中央区天神2-12-1
✆080-4694-9187
㊢18：30～24：00（LO23：30）
㊡日曜日、月曜日、雨天時
㊫14席
㊯天神駅より徒歩2分
◯カード／不可
◯コース／なし
◯アラカルト／あり
◯平均客単価／2000～3000円

屋台 長浜市民球場

中央区・長浜
屋台
#旅行

乾杯は「プレイボール」 お会計は「ゲームセット」

ここは2023年6月にオープンした、長浜にある屋台の一つ。関西出身なのにソフトバンクホークスが好きな、店主の松清貴広さんの明るいトークが、とにかくオモシロい。乾杯の挨拶は「プレイボール」で、お会計は「ゲームセット」という独自のルールがあり、1杯目のお客さんの時には、必ずみんなでプレイボールのかけ声をするので、自然と一体感が生まれるのだ。チーズをのせて炙った「ポテサラチーズ焼き」（680円）が一番人気で、ほかには冬の定番の「炊き餃子」（5個480円）や、店オススメの「とんぺい焼き」（680円）がある。

Shop Data

㊟福岡市中央区長浜3-14
✆なし
㊢18：00～翌1：00（LO24：00）
㊡不定休
㊫8席
㊯赤坂駅より徒歩10分
◯カード／不可
◯コース／なし
◯アラカルト／あり
◯平均客単価／2000円

博多区・中洲
バー

焼酎処 あんたいとる

＃お一人様

昔ながらの風情が残る
中洲の人形小路で飲む焼酎は格別

ここは昔ながらの風情が残る中洲の人形小路にある焼酎バーで、カウンター席8席だけの店に、約240種類の焼酎がぎっしり置いてある。どれにするか迷ったら、店主の鯵坂さゆりさんに聞くといいよ。彼女は焼酎マイスターの資格をもっているので、きっと好みの焼酎をセレクトしてくれるはずだ。関西出身のさゆりさんは明るくて、トークもオモシロいので、まるでスナックにいるような錯覚に陥るかもしれんよ。焼酎は1杯500円〜で、焼酎の水割りを頼むと、焼酎と水が別々に出てくるので、自分の好きな濃さで飲めるのはありがたい。

Shop Data

㊟福岡市博多区中洲4-1-19
✆080-1194-3308
㊖21：00〜翌3：00
㊡日曜日、祝日
㊫8席
㊯中洲川端駅より徒歩4分
○カード／不可
○コース／なし
○アラカルト／なし
○平均客単価／2000〜4000円

中央区・薬院
バー

クジャクでワイン

＃お一人様

ブルゴーニュワインの第一人者が
営んでいるワインバー

ここは警固にある『ル・フラマンローズ・アムリタ』や平尾にある『ラ・シゴーニュ』の系列店で、以前『クジャクカリー』があった場所にある。オーナーソムリエの牛島 治さんが自ら現場に入っているので、ブルゴーニュワインのことをいろいろと教えてもらえるよ。「ブルゴーニュグラスワイン」も1500円〜とお手ごろ価格なのだ。一品料理の「牛肉の赤ワイン煮込み」「エスカルゴ」「ジャンボンペルシェ（豚ハムゼリー寄せ）」やパスタの種類も豊富で、チャージもないし、ワイン1杯からでもOKなのはうれしいね。

Shop Data

㊟福岡市中央区薬院2-2-33 OASビル2F
✆090-8414-9289
㊖18：00〜24：00（LO23：00）
㊡不定休
㊫8席
㊯薬院大通駅より徒歩2分
○カード／可
○コース／なし
○アラカルト／あり
○平均客単価／4500円

中央区・薬院
バー

Bar Aya

#旅行

着物を着たスタッフがおもてなし 外国人観光客にも喜ばれる和風バー

Shop Data

㊟福岡市中央区薬院1-16-14 BEIDEN薬院3F
✆092-791-4206
㊕14：00～24：00※19：00以降会員制
㊡日曜日
㊢15席
㊣薬院駅より徒歩5分
○カード／可
○コース／なし
○アラカルト／なし
○平均客単価／5500円（14：00～19：00）

店内は和風テイストで、着物を着たスタッフが対応してくれるので、外国人観光客にも喜ばれそうだ。ドリンクはワイン、シャンパン、日本酒、焼酎などひととおり何でもある。昼の14時から営業しているので、昼飲みもできるし、0次会の利用も可能だ。また、昼はお酒は飲まずに、「抹茶」（1650円）とお茶菓子だけの利用でもOKだそうだ。昼は誰でも入れるが、夜の19時からは会員制となって、入口が施錠され、インターフォンを鳴らして入れてもらう仕組みだ。夜に来たい人は、まずは昼に来て会員になる方法を聞いてみてくださいね。

中央区・薬院
バー

バー海堀

#お一人様

人が住んでいる家だと思ったら 中は重厚感のあるバーだった

Shop Data

㊟福岡市中央区薬院4-8-11
✆092-525-0277
㊕20：00～24：00（LO23：30）
㊡不定休
㊢14席
㊣薬院大通駅より徒歩3分
○カード／可
○コース／なし
○アラカルト／あり
○平均客単価／4800円

薬院の浄水通りにこの店はある。店といっても、「海堀」という表札がかかった普通の住宅のようなたたずまいだから、知らないと、まさかここがバーだとは思わないだろう。扉を開けて入ると、中は重厚な内観だから、きっとびっくりするに違いない。私のオススメは、アイリッシュウイスキーをベースにした「アイリッシュコーヒー」だ。グラスを火にかけながら回す、オーナーバーテンダーの海堀宏一さんの作る様を見るのが楽しい。余談だが、海堀さんはツルッとした頭をしていて、顔も似ているので、よく私に間違えられるらしい。

博多区・中洲
バー

BAR倉吉 中洲

#お一人様

飲み足りない時に重宝する！深夜まで営業しているバー

ここは、2023年の「現代の名工」に続き、2024年秋に「黄綬褒章」を受章した倉吉浩二さんがオーナーの、中洲にあるオーセンティックバーだ。ここでは倉吉さんの〝DNA〟を受け継いだ増田鉄平さんが店長として頑張っている。彼が得意なのは、ラムベースのカクテル「ダイキリ」。倉吉さんばりのハードシェイクで仕上げる「ダイキリ」はまろやかですっきりとしている。店内は落ち着いた雰囲気だからデートでも利用できるし、50席もあるので大人数で来ても大丈夫。しかも深夜4時まで営業しているから、この店のことを覚えておくと重宝するよ。

Shop Data

㊟福岡市博多区中洲2-3-1 中洲Ｆビル2F
✆092-283-6626
㊕19：00～翌4：00（LO翌3：00）
㊡日曜日、祝日
㊢50席※8名用、10名用の個室あり（有料）
㊋櫛田神社前駅より徒歩5分
◯カード／可
◯コース／なし
◯アラカルト／あり
◯平均客単価／4000～5000円

博多区・中洲
バー

バーシャルジェ

#お一人様

どんな要望にも応えてくれそうなバーテンダーがいる店

中洲のド真ん中の「第3ラインビル」の地下にあるオーセンティックバーなので、ちょっと入りづらいと思うかもしれないが、オーナーバーテンダーの池田繁樹さんは物腰が柔らかいので、女性が1人で行っても安心だよ。ここはフルーツのカクテルがオススメなので、まずは池田さんに本日のオススメのフルーツカクテルを聞くといい。彼はソムリエやテキーラ・マエストロ、酒ディプロマ、チーズプロフェッショナルなど9つも資格をもっているので、どんな要望にも応えてくれそうだ。シガーも取り扱っており、深夜3時まで営業しているのはありがたい。

Shop Data

㊟福岡市博多区中洲3-2-12 第3ラインビルB1
✆092-282-3668
㊕19：00～翌3：00（LO翌2：30）、
日曜日・祝日19：00～24：00（LO23：30）
㊡なし
㊢16席
㊋中洲川端駅より徒歩4分
◯カード／可
◯コース／なし　◯アラカルト／なし
◯平均客単価／5000円

中央区・天神
バー

Bar Vespa 福岡店

#お一人様

ちょっと変わった場所にあるバーで昼から本格的なカクテルを楽しむ

天神の警固神社の社務所の中にある、ちょっと珍しいバー。ここは13時から営業しているので、昼から本格的なカクテルを飲むことができるのだ。福岡では、昼から営業しているオーセンティックバーは珍しいので、県外からのお客を案内する時は重宝する。オーナーバーテンダーの神吉英典《かんきえいすけ》さんは、福岡のほかに東京と札幌にも店舗があるので、なかなか会えないのだが、彼が作ってくれる「サイドカー」は、まろやかで最高。ここは「ナポリタン」や「オムライス」といったフードメニューも充実している。

Shop Data

(住)福岡市中央区天神2-2-20 警固神社社務所ビル203
☎092-753-8853
(営)13：00～24：00
(休)なし
(席)23席
(交)西鉄福岡（天神）駅より徒歩2分
○カード／可
○コース／あり
○アラカルト／あり
○平均客単価／5000円

中央区・白金
バー

Wine bar Yosga

#お一人様

自然派ワインと野菜が楽しめるおしゃれなワインバー

ここは自然派ワインがメインのワインバーだが、野菜や果物のフードメニューも豊富だ。「おまかせ小皿セット」（3品1480円）は、約16種類の野菜や果物から自分の好きなものをセレクトすることができる。また、麺が付いた7品4400円のコースもあるので、18時から食事をすることもできるし、2次会利用でワインだけでもOKだから使い勝手がいい。「カラスミと大根もちの海苔巻き」（780円）は、オープン当初からある人気のメニューで、ブリの真子のカラスミと大根もち、「成清海苔店」の海苔の組み合わせは間違いないね。

Shop Data

(住)福岡市中央区白金1-10-15 KADONOビル1F
☎なし
(営)18：00～翌1：00（最終入店）
(休)不定休
(席)14席
(交)薬院駅より徒歩8分
○カード／可
○コース／あり
○アラカルト／あり
○平均客単価／6500円

おわりに

最後まで読んでいただき、
ありがとうございました。
福岡には、まだまだ知られざる名店が
たくさんあります。また、天神ビッグバンなどの
開発で、次々と新しい店が生まれています。

すべての店を訪問することはできませんが、
グルメの楽しみ方は人それぞれ。
お気に入りの一軒を見つけるもよし、
新しい店を巡るもよし。料理の背景を知れば、
ひと皿の味わいがさらに
特別なものになるかもしれません。

最後に、本書の制作にご協力いただいた
飲食店の皆様、関係者の皆様に
心から感謝申し上げます。
これからもおいしい店を探し続け、
福岡グルメの魅力を発信していきます。

デビ高橋

デビログ
devi-log.net

もっとデビログ
devi-log.net/more

Instagram @devi_takahashi

X @devi_log

デビ高橋
（デビ・タカハシ）

福岡グルメや福岡ランチを紹介しているブログ「デビログ」や有料ブログ「もっとデビログ」を運営。「お肉博士1級」の資格も持ち、グルメ関連のライターやキュレーター、講師、審査員を務めたり、福岡のテレビ、ラジオ番組に出演したりしている。著書は「15年間毎日外食して、1万軒を食べ歩いた『デビログ』が見つけた福岡グルメの答え全100店」(KADOKAWA)

20年《ねん》間《かん》ほぼ毎《まい》日《にち》外《がい》食《しょく》して、
1万《まん》5000軒《けん》を食《た》べ歩《ある》いた
デビ高《たか》橋《はし》が見《み》つけた
福《ふく》岡《おか》グルメの答《こた》え　新《しん》100店《てん》

2025年4月7日　初版発行

著者
デビ高橋

発行者
山下直久

発行
株式会社KADOKAWA
〒102-8177　東京都千代田区富士見2-13-3
電話0570-002-301（ナビダイヤル）

印刷・製本
TOPPANクロレ株式会社

お問い合わせ
https://www.kadokawa.co.jp/
（「お問い合わせ」へお進みください）
※内容によっては、お答えできない場合があります。
※サポートは日本国内のみとさせていただきます。
※ Japanese text only

定価はカバーに表示してあります。

ISBN 978-4-04-897863-7　C0077